JN112975

Deutsch
mit aktuellen Themen

⟨2. aktualisierte Neuauflage⟩

Ryozo Maeda
Yoko Takagi

Ikubundo

この教科書の音声は，下記の郁文堂のホームページよりダウンロードすることができます。
https://www.ikubundo.com/related/79

 本文中のこのマークは音声収録箇所を示しています。
02 数字は頭出しの番号です。

写真提供：ドイツ連邦共和国大使館（48，49 ページ）、共同通信社（49 ページ）

まえがき

　本書は，現代ドイツに関するアクチュアルなテーマを具体的なデータを織り交ぜながら各課で取り上げ，学生の皆さんに，初級文法を使ってコンテンツ重視のドイツ語を読んでもらおうという主旨で書かれました。そして，ドイツ語力を身につけると同時に，過去と現代のドイツについて，さらには日本について，考える題材を提供しようとするものです。

　まず各課の最初に文法事項をコンパクトにまとめました。それを参考にして，文法問題を行ってください。次にテクストを読み，Fragen zum Text に答えてください。テクストは，ベルリンのフンボルト大学に留学して文化学を専攻する日本人女子留学生の中田シホが，ドイツ人の友人やポーランド人・中国人の学生とさまざまなテーマについて会話をするシチュエーションになっています。各課の最後に置かれた日本語によるコラムがテクスト理解を補足してくれるでしょう。さらに，パートナーを組んで Partnerübung を行うことにより，アクティヴな表現練習もできる構成になっています。

　本書は，原則として初級文法読本としての使用を想定していますが，場合によっては，初級文法の復習を兼ねた中級のクラスの教材としても使用できるものです。教室内で，先生方や学生の皆さんによって，扱われているテーマをさらに拡大していただければと思います。皆様のご助言・ご批判をいただければ幸いです。

　最後になりましたが，Rita Briel さんには原稿に目を通していただき，たいへん丁寧なご助言をいただきました。また，郁文堂編集部の板谷英昭氏にも尽力いただきました。この場を借りてお礼を申し上げます。

　2005 年　初秋

著　者

再改訂にあたって

　2014 年の改訂から 8 年を経て、この度、本書を再改訂することになりました。今回の再改訂にあたり、ドイツ社会の変化や制度の変更に応じて、テクストやコラムの内容・データをできるだけ最新のものにしました。また今回新たに別冊問題集を作成しました。

　立教大学兼任講師のダニエル・ケルン先生と郁文堂の柏倉健介氏には大変お世話になりました。お二人には心からお礼を申し上げます。

　2022 年　晩春

著　者

目　次

	文　法	会話テキスト	語彙, 他

ドイツ語圏地図

1:5,430,000

0   100   200km

Schweden

Nordsee

Ostsee

Dänemark

Kopenhagen □

●Flensburg

Husum●   **Kiel**
                ■
          Neumünster●
Schleswig-Holstein

●Stralsund

●Rostock

Cuxhaven● ●Freiburg(Elbe)   **Mecklenburg-Vorpommern**
Wilhelmshaven● Bremerhaven● Lübeck●   **Schwerin**
                          Hamburg   ●   ●Neubrandenburg
Emden●   ■   *Müritz*

          ●Lüneburg   Wittenberge●   *Warthe*
Oldenburg● **Bremen**   **Brandenburg**   **Polen**
          ■   *Elbe*
    Niedersachsen
              ●Celle   Wolfsburg●   Potsdam● **Berlin** □
Osnabrück● **Hannover**■ Braunschweig● ■   Frankfurt
Niederlande   Hildesheim● Salzgitter●   an der Oder●
          Bielefeld● Hameln●   **Magdeburg** Eisenhüttenstadt●
    Münster●   ■
              Sachsen-Anhalt
Nordrhein-Westfalen Göttingen● Dessau-Roßlau●   Cottbus●
Duisburg● Essen● ●Dortmund
      ● Bochum●   Halle(Saale)● Leipzig● **Sachsen**
Düsseldorf Solingen● Kassel●   Meißen● **Dresden**
  ■   Eisenach● Weimar●   ●   ■
    Köln●   ●Jena ●Gera Chemnitz●
●Aachen ●Bonn   **Erfurt** ●Zwickau
      Hessen Fulda● **Thüringen**
        ●Marburg Suhl●
Koblenz● ●Gießen   **Deutschland**
Rheinland-Pfalz ●Bingen am Rhein   *Main*   □Prag
Belgien **Wiesbaden** ●Frankfurt am Main   **Tschechische Republik**
        ■
Luxemburg **Mainz** ●Darmstadt ●Bayreuth
Luxemburg ●Trier ■ ●Würzburg Bamberg●   *Moldau*
  □   Worms●   Nürnberg●
Saarland ●Mannheim Rothenburg
    ●Heidelberg ob der Tauber
Saarbrücken Weinsberg●   Regensburg●
  ■   ●Karlsruhe   **Bayern**   *Donau*
      Stuttgart   Krems an der Donau
Frankreich ●Baden-Baden ■   *Isar* Passau●   ●
          ●Tübingen   Linz●   □**Wien**
        Ulm● ●Augsburg
  Baden-Württemberg   **München** *Inn*   Eisenstadt●
    ●Freiburg im Breisgau ■   **Österreich**
            Ammersee Salzburg●   *Neusiedler See*
        Starnberger See ●
      Bodensee Füssen● Garmisch-
  Konstanz● Bregenz● Partenkirchen ▲Watzmann(2713) Graz●
Basel●   ▲Zugspitze(2962)
  Zürich● ●   Innsbruck● ▲Großglockner (3798)
Zürichsee □**Vaduz**
Bern **Liechtenstein**   ●Lienz
  □ **Schweiz**   Villach● ●Klagenfurt
Lausanne● ▲Eiger(3970)
Genfersee *Jungfrau (4158)*   **Slowenien**
Genf● Bellinzona●
Matterhorn(4478)▲ ●   **Italien**
  Monte Rosa(4634) Lugano●
Mont Blanc(4810)

Das Alphabet

A	a	𝒜	𝑎	[aː]	Q	q	𝒬	𝑞	[kuː]
B	b	ℬ	𝑏	[beː]	R	r	ℛ	𝑟	[ɛr]
C	c	𝒞	𝑐	[tseː]	S	s	𝒮	𝑠	[ɛs]
D	d	𝒟	𝑑	[deː]	T	t	𝒯	𝑡	[teː]
E	e	ℰ	𝑒	[eː]	U	u	𝒰	𝑢	[uː]
F	f	ℱ	𝑓	[ɛf]	V	v	𝒱	𝑣	[faʊ]
G	g	𝒢	𝑔	[geː]	W	w	𝒲	𝑤	[veː]
H	h	ℋ	𝒉	[haː]	X	x	𝒳	𝑥	[ɪks]
I	i	𝒥	𝑖	[iː]	Y	y	𝒴	𝑦	[ˈʏpsilɔn]
J	j	𝒥	𝑗	[jɔt]	Z	z	𝒵	𝑧	[tsɛt]
K	k	𝒦	𝑘	[kaː]					
L	l	ℒ	𝑙	[ɛl]	Ä	ä	Ǟ	ǟ	[ɛː]
M	m	ℳ	𝑚	[ɛm]	Ö	ö	Ő	ő	[øː]
N	n	𝒩	𝑛	[ɛn]	Ü	ü	Ű	ű	[yː]
O	o	𝒪	𝑜	[oː]					
P	p	𝒫	𝑝	[peː]		ß		ß	[ɛs-tsɛ́t]

1

発 音

♪
03
発音の原則

1) 基本的にローマ字式に読みます。

2) アクセントは原則として最初の母音（第1音節）にあります。

3) アクセントのある母音の後に子音が1個の場合，その母音は長音になります。

    N<u>a</u>me   名前   h<u>a</u>ben   持っている

    ▷ 名詞は頭文字を大文字で書きます。

4) アクセントのある母音の後に子音が2個以上の場合，その母音は短音になります。

    P<u>o</u>st   郵便   k<u>o</u>mmen   来る

♪
04
★ 注意すべき母音の発音

ä	[ɛː] [ɛ]	Käse	チーズ		hängen	掛ける
ö	[øː] [œ]	Öl	油		öffnen	開ける
ü	[yː] [ʏ]	grün	緑の		Glück	幸福
ei	[aɪ]	arbeiten	働く		Eis	氷
äu, eu	[ɔʏ]	Gebäude	建物		heute	今日
ie	[iː]	fliegen	飛ぶ		Liebe	愛
aa, ee, oo は長音		Haar	毛		Tee	茶
		Boot	ボート			
母音 + h		gehen	行く		Uhr	時計
h は読まず，前の母音は長い						

♪
05
★ 注意すべき子音の発音

b	[b] [p]	Bluse	ブラウス		halb	半分の
d	[d] [t]	denken	考える		Abend	晩
g	[g] [k]	gut	良い		Tag	日
ch（a, o, u, au の後）[x]		Nacht	夜		Tochter	娘
		Buch	本		auch	…もまた
ch（上記以外）[ç]		ich	私		Milch	牛乳
chs [ks]		Lachs	鮭		wechseln	交換する
語末の -ig [ɪç]		fleißig	勤勉な		König	王
j	[j]	Japan	日本		jung	若い
pf	[pf]	Apfel	りんご		Kopf	頭
qu	[kv]	Quelle	泉		bequem	快適な
r	[r]	rot	赤い		Regen	雨
語末の -er, -r の母音化 [ɐ]		Mutter	母		wir	私たち

s（母音の前）[z]	**S**aft	ジュース	**S**ommer	夏		
s（上記以外）[s]	**H**au**s**	家	**H**erb**st**	秋		
ss, ß [s]	e**ss**en	食べる	gro**ß**	大きい		
sch [∫]	**Sch**ule	学校	**sch**ön	美しい		
語頭の **sp** [∫p]	**Sp**ort	スポーツ	**sp**rechen	話す		
語頭の **st** [∫t]	**St**udent	大学生	**St**raße	通り		
dt, th [t]	Sta**dt**	都市	**Th**eater	劇場		
tsch [t∫]	Deu**tsch**	ドイツ語	Dolme**tsch**er	通訳		
v [f]	**V**ater	父	**v**iel	多い		
[v]	**V**ase	花瓶	Uni**v**ersität	大学		
w [v]	**W**ein	ワイン	**w**arm	暖かい		
z [ts]	**Z**eit	時間	tan**z**en	踊る		
ds, ts, tz [ts]	aben**ds**	晩に	rech**ts**	右に		
	je**tz**t	いま				

日常会話の基本的表現 ────────

06

Guten Morgen, Herr Müller!	おはよう，ミュラーさん。
Guten Tag, Frau Schmidt!	こんにちは，シュミットさん。
Guten Abend!	こんばんは。
Gute Nacht!	おやすみ。
Auf Wiedersehen!	さようなら。
Tschüs!	バイバイ。
Danke schön!	どうもありがとう。
Bitte schön!	どういたしまして。
Entschuldigung!	すみません。
Bitte!	どうぞ。

Deutsch mit aktuellen Themen ⟨2. aktualisierte Neuauflage⟩

Lektion 1　Namensrecht（氏名権）

Grammatik

1.　動詞の現在人称変化（1）（規則動詞）

trinken（不定詞）飲む ＝ trink（語幹）＋ en（語尾）

不定詞				trinken	arbeiten[1]	heißen[2]	sein[3]
				飲む	働く	…という名前である	…である
単数	1人称	ich	私は	trinke	arbeite	heiße	bin
	2人称（親称）	du	きみは	trinkst	arbeitest	heißt	bist
	3人称	er/sie/es	彼は / 彼女は / それは	trinkt	arbeitet	heißt	ist
複数	1人称	wir	私たちは	trinken	arbeiten	heißen	sind
	2人称（親称）	ihr	きみたちは	trinkt	arbeitet	heißt	seid
	3人称	sie	彼らは / それらは	trinken	arbeiten	heißen	sind
	2人称（敬称）	Sie	あなたは / あなたがたは	trinken	arbeiten	heißen	sind

◆ 親称2人称の du, ihr は親しい間柄（家族，友人，恋人など）で用います。
◆ 敬称2人称の Sie はそれ以外の間柄で用います。単複同形。常に大文字で書き始めます。

[1] 語幹が **d, t** などで終わる動詞。発音上の都合で，du, er/sie/es, ihr の3箇所で，語尾の前に e を入れます。
[2] 語幹が **s, ss, ß, tz, z** などで終わる動詞。発音上の都合で du —t となります。
[3] sein は不規則動詞。

2.　定動詞の位置

1）平叙文

Ich	**trinke** jetzt Kaffee.	私はいまコーヒーを飲んでいます。
Jetzt	**trinke** ich Kaffee.	いま私はコーヒーを飲んでいます。
Kaffee	**trinke** ich jetzt.	コーヒーを私はいま飲んでいます。

2）疑問詞のない疑問文

Kommen Sie aus Berlin?　　　　　　あなたはベルリンの出身ですか。
— Ja, ich **komme** aus Berlin.　　　　はい，私はベルリンの出身です。
— Nein, ich **komme** nicht aus Berlin.　いいえ，私はベルリンの出身ではありません。

➡ nicht の位置 *S.31*

3）疑問詞のある疑問文

Wo **wohnen** Sie jetzt?　　　　　あなたはいまどこに住んでいますか。
— Ich **wohne** jetzt in Wien.　　私はいまウィーンに住んでいます。

> **おもな疑問詞**
> wann「いつ」　warum「なぜ」　was「何が，何を」　wer「誰が」
> wie「どのように」　wo「どこで」　woher「どこから」　wohin「どこへ」

6

1. 例にならい質問に答えて，全文を和訳してみよう。

  例　Wohnen Sie in München? (ja) ─ Ja, ich wohne in München.
  　　Wohnen Sie in Frankfurt? (nein) ─ Nein, ich wohne nicht in Frankfurt.

  1) Wohnst du in Hamburg? (ja)
  2) Wohnt ihr in Dresden? (nein)
  3) Kommt sie aus Köln? (ja)
  4) Kommen sie aus Leipzig? (nein)

2. 例にならい質問に答えて，全文を和訳してみよう。

  例　Spielen Sie gut Fußball? (ja) ─ Ja, ich spiele gut Fußball.
  　　Spielen Sie gut Klavier? (nein) ─ Nein, ich spiele nicht so gut Klavier.

  1) Trinkst du gern Milch? (ja)
  2) Kochen sie oft? (ja)
  3) Treibt Herr Schmidt oft Sport? (nein)
  4) Hört Maria gern Musik? (nein)

3. 例にならい質問に答えて，全文を和訳してみよう。

  例　Woher kommen Sie? (Deutschland) ─ Ich komme aus Deutschland.

  1) Was studiert Peter? (Soziologie)
  2) Wo arbeitet Frau Fischer? (Tokyo)
  3) Wann tanzt du? (heute)
  4) Wie lernt Takao Deutsch? (intensiv)

4. 例にならい質問に答えて，全文を和訳してみよう。

  例　Sind Sie Student*? ─ Ja, ich bin Student.

  1) Bist du Studentin**?
  2) Ist Herr Meier Lehrer?
  3) Ist Ken Japaner?
  4) Ist Frau Li Chinesin?

 ＊ 職業・身分・国籍などを表す名詞が述語として用いられるとき，原則として冠詞はつけません。
 ＊＊ 原則として「男性形＋in」で女性形をつくりますが，ウムラウトする場合もあります。
　　 Student[in] 大学生　　Arzt [Ärztin] 医者

♪ A: Frau Lange　B：Shiho
09

A: Entschuldigung, was trinken Sie, Wein oder Orangensaft?

B: Orangensaft, bitte. Danke schön!

A: Mein Name ist Petra Lange. Mein Vorname ist Petra und mein Familienname ist Lange. Lange ist mein Geburtsname. Wie heißen Sie?

B: Ich heiße Shiho Nakata.

A: Woher kommen Sie?

B: Ich komme aus Japan, aus Kyoto. Wohnen Sie hier in Berlin?

A: Ja, ich wohne in Dahlem[1]. Ich komme aber aus Bremen. Studieren Sie hier?

B: Ja, ich studiere hier Kulturwissenschaft[2]. Und Sie? Was machen Sie?

A: Ich bin Lehrerin. Ich unterrichte hier Deutsch als[3] Fremdsprache. Sie sprechen sehr gut Deutsch. Wahrscheinlich lernen Sie intensiv Deutsch.

B: Ja, ich lerne jetzt nicht nur Deutsch und Englisch, sondern auch[4] Französisch und Italienisch.

A: Oh, Sie sind fleißig! Besuchen Sie mich einmal![5]

B: Ja, sehr gern.

フンボルト大学

1) 「ダーレム」ベルリンの地区名。
2) ドイツ語では2つ以上の名詞を結びつけて複合名詞をつくることができる。
Kultur「文化」＋ Wissenschaft「学問」
= Kulturwissenschaft「文化学」

3) als「〜としての」
4) nicht nur A, sondern auch B「A ばかりではなく B も」
5) 「一度，私のところへいらっしゃい。」敬称2人称の Sie に対する命令形。 ➡命令形 S.18

Fragen zum Text

10

1. Woher kommt Frau Lange?
2. Wo wohnt Frau Lange?
3. Was studiert Shiho?
4. Was ist Frau Lange von Beruf?
5. Was unterrichtet Frau Lange?
6. Was lernt Shiho?

ヴィルヘルム・フォン・フンボルト像

Partnerübung

11

> **Beispiel** Eva / Österreich / Bonn / Ärztin
>
> P1 : Das ist Eva.   P2 : Woher kommt sie?
> P1 : Sie kommt aus Österreich.   P2 : Ah, sie ist Österreicherin. Wo wohnt sie jetzt?
> P1 : Sie wohnt jetzt in Bonn.   P2 : Was ist sie von Beruf?
> P1 : Sie ist Ärztin.

1) Paul / Frankreich / Köln / Musiker

2) Herr Smith / England / Berlin / Professor

3) Frau Zhang / China / Frankfurt / Journalistin

12

国名	国民（男性）	（女性）	言語
Deutschland	Deutscher	Deutsche	Deutsch
Österreich	Österreicher	Österreicherin	Deutsch
England	Engländer	Engländerin	Englisch
Frankreich	Franzose	Französin	Französisch
Italien	Italiener	Italienerin	Italienisch
Spanien	Spanier	Spanierin	Spanisch
Japan	Japaner	Japanerin	Japanisch
China	Chinese	Chinesin	Chinesisch

Namensrecht（氏名権）

ドイツでは，すでに 30 年来，夫婦別姓が可能です。1994 年に施行されたいわゆる男女同権の氏名法によって，結婚した男女に，姓を選択するさまざまな可能性が開かれています。夫婦の姓として，男性か女性のどちらの苗字を選択してもよく，また，それぞれの苗字をそのまま名乗ることもできます。さらに，配偶者の一人が夫と妻の苗字を組み合わせたダブルネーム (Doppelname) を使用することもできます。その名前の順序は自由に選択できますし（たとえば，ランゲさんの夫の苗字がクライン Klein だったら，Lange-Klein でもKlein-Lange でも可能です），のちに改めることも認められています。特に職業上のキャリアと旧姓が深く関係している女性の場合，旧姓をそのまま名乗ったり，ダブルネームを使用するケースが見られます。

9

Lektion 2　Hochschule（大学）

Grammatik

1.　名詞の性・数・格

1）性：　男性（*m.*）　Mann　　男性　　Computer　　コンピューター
　　　　　女性（*f.*）　Frau　　女性　　Tasche　　かばん
　　　　　中性（*n.*）　Kind　　子供　　Handy　　携帯電話

2）数：　単数・複数　➡ 複数形 *S.14*

3）格：　1格「…は，…が」・ 2格「…の」・ 3格「…に」・ 4格「…を」

2.　定冠詞 der（*the*）・不定冠詞 ein（*a, an*）と名詞の格変化

	男性（*m.*） 男の人	女性（*f.*） 女の人	中性（*n.*） 子 供	複数（*pl.*） 子供たち
1格	**der**　Mann	**die**　Frau	**das**　Kind	**die** Kinder
2格	**des**　Mann(e)s	**der**　Frau	**des**　Kind(e)s	**der** Kinder
3格	**dem**　Mann	**der**　Frau	**dem**　Kind	**den** Kinder**n**
4格	**den**　Mann	**die**　Frau	**das**　Kind	**die** Kinder
1格	ein　Mann	eine Frau	ein　Kind	—　Kinder
2格	eines　Mann(e)s	ein**er** Frau	eines　Kind(e)s	—　Kinder
3格	ein**em** Mann	ein**er** Frau	ein**em** Kind	Kinder**n**
4格	ein**en** Mann	eine　Frau	ein　Kind	—　Kinder

◆ 原則として男性名詞・中性名詞の単数2格には **-(e)s** がつきます。
◆ 複数名詞の3格には **-n** がつきます。ただし，n か s で終わる複数形にはつけません。

3.　格の用法

♪
13

1格　**Der Mann** ist Japaner.　　　　　　　その男性は日本人です。
2格　Der Sohn **des Mann(e)s** ist Student.　その男性の息子は大学生です。
3格　Ich schenke **dem Mann** die Uhr.　　　私はその男性にその時計をプレゼントします。
4格　Ich besuche **den Mann**.　　　　　　　私はその男性を訪問します。

4.　疑問代名詞の格変化

	誰？（*who*）	何？（*what*）
1格	wer	was
2格	wessen	—
3格	wem	—
4格	wen	was

5．haben の現在人称変化（不規則動詞）

不定詞	haben 持っている
ich	habe
du	**hast**
er	**hat**
wir	haben
ihr	habt
sie	haben
Sie	haben

10

Übungen

1. 例にならい答えの文章を作って，全文を和訳してみよう。

　　例　Wer lernt da? (der Student) — Der Student lernt da.
　　　　Hier ist eine Tasche. (neu) — Die Tasche ist neu.

　　1) Wer wohnt hier? (die Frau)
　　2) Was ist da? (ein Hotel (*n*.))
　　3) Hier ist eine Katze. (klein)
　　4) Da ist ein Hund (*m*.). (alt)

2. 例にならい答えの文章を作って，全文を和訳してみよう。

　　例　Wessen Auto (*n*.) ist das*? (der Mann) — Das ist das Auto** des Mann(e)s.
　　　　Da steht ein Haus (*n*.). (ein Arzt (*m*.)) — Das ist das Haus eines Arztes.

　　1) Wessen Handy (*n*.) ist das? (die Freundin)
　　2) Wessen Computer (*m*.) ist das? (der Lehrer)
　　3) Da steht ein Fahrrad (*n*.). (eine Studentin)
　　4) Da drüben steht ein Koffer (*m*.). (ein Japaner (*m*.))

　　＊この das は，定冠詞ではなく，指示代名詞であり，性・数に関係なく用いられて，「これ」「それ」
　　を意味します。
　＊＊A ist B.「A は B である。」の構文のとき，A も B も 1 格です。

---

3. 例にならい質問に答えて，全文を和訳してみよう。

　　例　Wem schenken Sie eine Uhr? (der Freund) — Ich schenke dem Freund eine Uhr.
　　　　Was schicken Sie dem Politiker? (ein Paket (*n*.))
　　　　— Ich schicke dem Politiker ein Paket.

　　1) Wem schenkst du ein Buch? (der Schüler)
　　2) Was schenkt ihr der Lehrerin? (ein Blumenstrauß (*m*.))
　　3) Wem schickt er einen Brief? (die Japanerin)
　　4) Was schickt sie der Professorin? (eine E-Mail)

4. 例にならい質問に答えて，全文を訳してみよう。

　　例　Wen liebst du? (die Schülerin) — Ich liebe die Schülerin.

　　1) Wen besucht Sophie? (der Professor)
　　2) Wen braucht Herr Müller? (die Sekretärin)
　　3) Was sucht Peter? (ein Zimmer (*n*.))
　　4) Was kaufen Sie? (eine Zeitung)

♪15

A: Shiho   B: Thomas

A: Die Vorlesung von Professor Siegert ist wirklich informativ. Er ist sehr nett.

B: Ja. Ich finde das Seminar von Professorin Fauser auch sehr interessant. Sie ist so intelligent und sympathisch.

A: Thomas, ich habe Durst.

B: Ich auch. Kennst du das Café „Sachs“[1)]? Gehen wir dorthin![2)]

B: Was trinkst du, Shiho?

A: Ich trinke einen Tee. Und du?

B: Ich nehme einen Kaffee. Hast du auch Hunger, Shiho? Essen wir etwas?

A: Ja, ich esse einen Käsekuchen.

B: Der Käsekuchen hier schmeckt sehr gut. Ich probiere aber heute den Apfelkuchen.

A: Übrigens, hast du morgen Abend Zeit?

B: Ja, aber warum?

A: Frau Lange hat morgen Geburtstag. Sie macht zu Hause eine Party. Kommst du mit?[3)]

B: Gerne.

ベルリンの若者カフェ

---

1) 「ザックス」カフェの名前。
2) 「そこへ行こう！」複数1人称に対する命令形。
  —en wir! は「～しましょう！」

3) 「あなたも一緒に来る？」mitkommen は分離動詞。
  ➡分離動詞 S.30

Fragen zum Text

1. Ist die Vorlesung von Professor Siegert informativ?
2. Ist Professorin Fauser sympathisch?
3. Was trinkt Shiho?
4. Hat Shiho Hunger?
5. Was probiert Thomas?
6. Wer macht morgen Abend eine Party?

ベルリンの大学生

Partnerübung

Beispiel   Käse (*m.*) / lecker / 5 Euro

P1: Was ist das?   P2: Das ist ein Käse.
P1: Ist der Käse lecker?   P2: Ja, sehr lecker.
P1: Was kostet der Käse?   P2: Er* kostet fünf Euro.
P1: Dann nehme ich den Käse.

1) Tasche (*f.*) / praktisch / 18 Euro
2) Brot (*n.*) / frisch / 1,20 Euro (ein(en) Euro zwanzig (Cent))**
3) Wecker (*m.*) / preiswert / 11,10 Euro

 * 男性名詞は er で，女性名詞は sie で，中性名詞は es で，複数名詞は sie (*pl.*) で受けます。
** 1 Euro = 100 Cent　Euro も Cent も男性名詞です。

数詞（1）

0 null				
1 eins	2 zwei	3 drei	4 vier	5 fünf
6 sechs	7 sieben	8 acht	9 neun	10 zehn
11 *elf*	12 *zwölf*	13 dreizehn	14 vierzehn	15 fünfzehn
16 *sech*zehn	17 *sieb*zehn	18 achtzehn	19 neunzehn	20 *zwanzig*

Hochschule（大学）

ドイツの大学は国立大学が多く，総合大学 (Universität) と，工科大学や音楽大学のような単科大学 (Hochschule) とがあります。2020 年 / 21 年冬学期，合計で 422 の大学が存在し，そのうち 108 が総合大学でした。大学の歴史はさまざまで，ドイツ最古の大学であるハイデルベルク大学は 1386 年に創立されています。1960 年には大学進学率が同年齢人口の約 8% にすぎませんでしたが，2021 年には 55,8% に達しています。ちなみに，2019 年，日本の大学進学率は 54,67% でした。ドイツの大学における女子学生の割合は 48,9% ですが，博士号取得，大学教授資格取得，教授職就任となると，女性の割合はしだいに減少していき，2020 年では，正教授職に就いている女性の割合は全体のわずか 11,7% に過ぎません。外国人学生の数は，2020 年には全学生の 14,1% を占めています。その内訳は，トップが2位を大きく引き離して中国，以下，トルコ，インド，シリア，オーストリアとなっています。

Lektion 3　Die Hauptstadt Berlin（首都ベルリン）

1.　名詞の複数形

1) 無語尾型　(⸚)　　　der Lehrer 教師 → die Lehrer　　　der Vater 父 → die Väter
2) E 型　(⸚)e　　　das Jahr 年 → die Jahre　　　die Hand 手 → die Hände
3) ER 型　⸚er　　　das Kind 子供 → die Kinder　　　das Buch 本 → die Bücher
4) (E)N 型　—(e)n　die Blume 花 → die Blumen　　die Frau 女性 → die Frauen
5) S 型　—s　　　das Auto 車 → die Autos

◆ 3 格に **-n** をつけます。ただし，(E)N 型と S 型にはつけません。　➡ 格変化 *S.10*

2.　男性弱変化名詞

	単数 (*sg.*)	複数 (*pl.*)	単数 (*sg.*)	複数 (*pl.*)
1 格	der Student 大学生	die Studenten	der Junge 少年	die Jungen
2 格	des Studenten	der Studenten	des Jungen	der Jungen
3 格	dem Studenten	den Studenten	dem Jungen	den Jungen
4 格	den Studenten	die Studenten	den Jungen	die Jungen

◆ 他に，Mensch 人間, Kollege 同僚, Polizist 警察官, Präsident 大統領, Herr 紳士, …氏（= Mr.）
（単数: -n, 複数: -en）など。

3.　定冠詞類と名詞の格変化

dies**er** この, jen**er** あの, jed**er** 各々の（単数形のみ）, all**er** すべての, solch**er** そのような,
welch**er** どの

	男性 (*m.*)	女性 (*f.*)	中性 (*n.*)	複数 (*pl.*)
1 格	dies**er** Mann	dies**e** Frau	dies**es** Kind	dies**e** Kinder
2 格	dies**es** Mann(e)s	dies**er** Frau	dies**es** Kind(e)s	dies**er** Kinder
3 格	dies**em** Mann	dies**er** Frau	dies**em** Kind	dies**en** Kinder**n**
4 格	dies**en** Mann	dies**e** Frau	dies**es** Kind	dies**e** Kinder

4.　不定冠詞類と名詞の格変化

1) 所有冠詞　mein (← ich), dein (← du), sein (← er), ihr (← sie), sein (← es)
　　　　　　　unser (← wir), euer (← ihr), ihr (← sie), Ihr (← Sie)

2) 否定冠詞　kein
　◆ 無冠詞または不定冠詞つきの名詞を否定するときに用います。

	男性 (*m.*) 私の夫	女性 (*f.*) 私の妻	中性 (*n.*) 私の子供	複数 (*pl.*) 私の子供たち
1 格	mein Mann	meine Frau	mein Kind	meine Kinder
2 格	mein**es** Mann(e)s	mein**er** Frau	mein**es** Kind(e)s	mein**er** Kinder
3 格	mein**em** Mann	mein**er** Frau	mein**em** Kind	mein**en** Kinder**n**
4 格	mein**en** Mann	mein**e** Frau	mein Kind	mein**e** Kinder

1. 例にならい質問に答えて，全文を和訳してみよう。

   例　Welchen Mantel kaufen Sie? — Ich kaufe diesen Mantel.

   1) Welches Bier trinkst du?
   2) Welche Kirche besucht Anne?
   3) Welcher Film ist interessant?
   4) Welche Schuhe (*pl.*) sind schick?

2. 例にならい質問に答えて，全文を和訳してみよう。

   例　Was lesen Sie diese Woche*? (ein Roman)
   　　— Ich lese diese Woche einen Roman.

   1) Was trinkt Markus jeden Morgen? (Milch)
   2) Wen besucht ihr jedes Jahr? (Herr Schulz)
   3) Was kaufst du dieses Wochenende? (ein Computer)
   4) Wem schreibt Herr Fischer jeden Tag eine E-Mail? (der Kollege)

   ＊副詞的４格：diese Woche「今週」のように，名詞の４格は副詞的に用いられることがあります。

3. 例にならい質問に答えて，全文を和訳してみよう。

   例　Arbeitet Ihr Mann jetzt bei Siemens? — Ja, mein Mann arbeitet jetzt bei Siemens.

   1) Unterrichtet deine Frau jetzt Deutsch?
   2) Studiert sein Sohn jetzt in München?
   3) Schenkt sie ihrer Tochter ein Buch?
   4) Besucht ihr morgen eure* Eltern (*pl.*)?

   ＊unser, euer の場合，変化語尾がつくと，r の前の e が脱落することがあります。
   　　unseren Sohn → *unsren* Sohn　　euere Eltern → *eure* Eltern

4. 例にならい質問に答えて，全文を和訳してみよう。

   例　Haben Sie ein Auto? — Nein, ich habe kein Auto.

   1) Hat Martin ein Fahrrad?
   2) Habt ihr eine Katze?
   3) Haben sie heute Zeit?
   4) Hast du jetzt Hunger?

♪
20

A: Shiho　B: Frau Lange　C: Ming　D: Thomas

A:　Guten Abend, Frau Lange.

B:　Guten Abend, Frau Nakata. Kommen Sie bitte herein![1]

A:　Danke. Herzlichen Glückwunsch zum Geburtstag![2] Das ist ein Geschenk für Sie, eine Puppe aus Japan.

B:　Vielen Dank! Das ist mein Mann. Und das sind meine Tochter Inge und mein Sohn Alexander. Inge studiert auch in Berlin. Alexander ist noch Schüler.

A:　Freut mich sehr.[3]

B:　Haben Sie auch Geschwister?

A:　Ja, ich habe einen Bruder. Mein Bruder arbeitet in London.

―――――――――――――――――――――――――――――

B:　Frau Nakata, das ist Ming Wang aus China. Er studiert auch hier in Berlin.

A:　Was studierst du?

C:　Ich studiere Biologie.

A:　Hast du keinen Hunger?

C:　Doch[4], ich habe Hunger.

A:　Dann hole ich etwas zu essen[5].

C:　Danke!

D:　Was machst du am Wochenende[6]? Morgen ist ja Samstag.

C:　Am Wochenende ist unser Institut für Biologie zu[7]. Ich besuche darum morgen das Brandenburger Tor[8], den Reichstag und die Museumsinsel[9].

D:　Das Humboldt Forum[10] ist neu und sehr sehenswert.

フンボルトフォーラム

博物館島

1)「どうぞお入りください。」敬称2人称のSieに対する命令形。 ➡ 命令形 S.18

2)「お誕生日おめでとうございます。」

3)「どうぞよろしく。」

4) 疑問文に否定詞のnichtやkeinが含まれている場合には，dochで答える。

5) etwas zu essen「何か食べるもの」

6) am Wochenende「週末に」

7) zu「閉まっている」

8)「ブランデンブルク門」

9)「博物館島」ペルガモン博物館など5つのミュージアムの総称。ベルリンの中心部にあるシュプレー川の中州にある。

10)「フンボルトフォーラム」博物館島にある美術館で，再建されたベルリン王宮内にある複合文化施設。2020年12月に開館した。

Fragen zum Text

21

1. Was schenkt Shiho Frau Lange?
2. Wie viele Kinder hat Frau Lange?
3. Hat Shiho Schwestern?
4. Woher kommt Ming?
5. Was macht Ming morgen?
6. Was ist sehr sehenswert?

ブランデンブルク門

Partnerübung

22

Beispiel   Vater / Angestellter / Golf spielen

P1: Das ist mein Familienfoto.   P2: Wer ist das?
P1: Das ist mein Vater.   P2: Was ist er von Beruf?
P1: Er ist Angestellter*.   P2: Was ist sein Hobby?
P1: Er spielt gern Golf.

1) Mutter / Hausfrau / reisen
2) Bruder / Beamter / Musik hören
3) Schwester / Studentin / einkaufen gehen

*「会社員」Angestellter（男）— Angestellte（女），「公務員」Beamter（男）— Beamtin（女）

23

家族

der Vater 父，die Mutter 母，der Sohn 息子，die Tochter 娘，der Bruder 兄（弟），die Schwester
姉（妹），der Großvater 祖父，die Großmutter 祖母，der Onkel 伯父・叔父，die Tante 伯母・叔母，
der Vetter 従兄（弟），die Kusine 従姉（妹），der Neffe 甥，die Nichte 姪，die Eltern (*pl.*) 両親，
die Großeltern (*pl.*) 祖父母，die Geschwister (*pl.*) 兄弟姉妹

Die Hauptstadt Berlin（首都ベルリン）

1989 年 11 月 9 日にベルリンの壁が崩壊し，1990 年 10 月 3 日に東西ドイツが再統一されたのを機に，
ベルリンは再びドイツの首都となりました。それに伴い，連邦議会や首相官邸，世界各国の大使館などがか
つての西ドイツの首都ボンからベルリンへと移り，ベルリンは急速に発展しました。再統一から 30 年以上経っ
た現在，旧東ベルリン地区の復旧も進みました。その象徴のひとつが複合文化施設「フンボルトフォーラム」
です。2020 年に再建されたベルリン王宮内に開館しました。館名はプロイセンの学者ヴィルヘルムとアレ
クサンダー・フォン・フンボルト兄弟にちなんで名づけられました。フンボルトフォーラムには，古代プロイ
セン美術館に端を発するベルリン民族博物館とアジア美術館があり，ヨーロッパ以外の美術品を展示してい
ます。大英博物館と同様，文化の略奪や盗用との関連で問題視されていることも忘れてはならないでしょう。
ベルリン王宮は，プロイセン国王やドイツ皇帝の居城でしたが，1945 年の連合軍の空襲で廃墟となり，
1950 年に東ドイツ政府によって取り壊されました。王宮の再建はドイツ再統一直後から議論され，2013
年に再建工事は本格化しました。

Lektion 4　Föderalismus（連邦制度）

1.　動詞の現在人称変化（2）（不規則動詞）

不定詞	a→ä型		e→i型		e→ie型			
	fahren	laufen	sprechen	essen	sehen	lesen	werden	wissen
	乗り物で行く	走る	話す	食べる	見る	読む	…になる	知っている
ich	fahre	laufe	spreche	esse	sehe	lese	werde	**weiß**
du	**fährst**	**läufst**	**sprichst**	**isst**	**siehst**	**liest**	**wirst**	**weißt**
er	**fährt**	**läuft**	**spricht**	**isst**	**sieht**	**liest**	**wird**	**weiß**
wir	fahren	laufen	sprechen	essen	sehen	lesen	werden	wissen
ihr	fahrt	lauft	sprecht	esst	seht	lest	werdet	wisst
sie	fahren	laufen	sprechen	essen	sehen	lesen	werden	wissen
Sie	fahren	laufen	sprechen	essen	sehen	lesen	werden	wissen

◆2人称単数（親称）と3人称単数で語幹の母音が変化します。

2.　動詞の命令形

不定詞	du に対して	ihr に対して	Sie に対して
―en	**―(e)!**	**―t!**	**―en Sie!**
kommen	Komm(e)!	Kommt!	Kommen Sie!
sprechen[1]	Sprich!	Sprecht!	Sprechen Sie!
sein（例外）	**Sei…!**	**Seid…!**	**Seien Sie…!**

[1] 不規則動詞のうち，e→i(e)型の動詞は，du に対する命令形でも変音し，語尾 e をつけません。（ただし，a→ä型の動詞は，命令形では変音せず，kommen と同じ基本原則で命令形をつくります。）

3.　人称代名詞の格変化

1格	ich	du	er	sie	es	Sie	wir	ihr	sie	Sie
3格	mir	dir	ihm	ihr	ihm	Ihnen	uns	euch	ihnen	Ihnen
4格	mich	dich	ihn	sie	es	Sie	uns	euch	sie	Sie

4.　3格目的語と4格目的語の語順

1) 両方とも名詞：3格＋4格

　　Ich schenke meinem Vater eine Krawatte.　　私は父にネクタイをプレゼントします。

2) 名詞と代名詞：代名詞＋名詞

　　Ich schenke ihm eine Krawatte.　　私は彼にネクタイをプレゼントします。

　　Ich schenke sie meinem Vater.　　私はそれを父にプレゼントします。

3) 両方とも代名詞：4格＋3格

　　Ich schenke sie ihm.　　私はそれを彼にプレゼントします。

1. 例にならい質問に答えて，全文を和訳してみよう。 ♪
   25

   例　Fährst du morgen nach Hamburg? — Ja, ich fahre morgen nach Hamburg.

   1) Spricht Katharina sehr gut Japanisch?
   2) Isst Hans gern Fleisch?
   3) Siehst du da eine Post?
   4) Lest ihr jeden Abend?

2. 例にならい命令文にして，全文を和訳してみよう。

   例　Du trinkst zu viel. — Trink bitte nicht so viel!

   1) Du isst zu viel.
   2) Ihr fahrt zu schnell.
   3) Sie sprechen zu laut.
   4) Du bist zu faul.

3. 例にならい質問に答えて，全文を和訳してみよう。

   例　Kennen Sie den Professor gut? — Ja, ich kenne ihn gut.

   1) Liebst du deine Frau sehr?
   2) Helfen Sie immer Ihrer Mutter?
   3) Gefällt dir diese Bluse?
   4) Gehört Ihnen dieser Hut?

4. 例にならい質問に答えて，全文を和訳してみよう。

   例　Schenken Sie Ihrer Mutter Blumen? — Ja, ich schenke ihr Blumen.
   　　　　　　　　　　　　　　　　　　　　Ja, ich schenke sie meiner Mutter.
   　　　　　　　　　　　　　　　　　　　　Ja, ich schenke sie ihr.

   1) Schickt Michael seinem Bruder Bücher?
   2) Gibst du deinen Kindern den Ball?
   3) Kauft Frau Möller ihrer Tochter Eis?
   4) Zeigt ihr dem Ausländer eure Stadt?

♪ 26

A: Shiho　B: Thomas　C: Ming

A: Guten Tag, Ming. Guten Appetit![1]

C: Danke, Shiho!

B: Was isst du?

C: Ich nehme Menü 3, Wiener Schnitzel mit Pommes frites[2]. Unsere Experimente im Labor dauern manchmal sehr lange. Ich komme oft sehr spät nach Hause. Ich esse deshalb hier immer richtig zu Mittag und zu Abend[3].

A: Was wirst du später?

C: Das weiß ich noch nicht genau. Aber ich arbeite später vielleicht in einem Institut in Peking.

B: Übrigens, mit Shiho und meiner Freundin Monika zusammen[4] fahre ich am Wochenende nach Dresden. Hast du auch Lust?

C: Dresden… Wo liegt Dresden?

B: Dresden ist Sachsens Hauptstadt. Wie du weißt, besteht Deutschland aus 16 Bundesländern[5]. Jedes Land hat seine Verfassung, sein Parlament und seine Regierung. Meine Tante wohnt in Dresden. Wir übernachten bei ihr[6], natürlich kostenlos! Ich kenne Dresden gut. Ich zeige euch die Kulturstadt Dresden. Besuchen wir zusammen die Frauenkirche[7], den Zwinger[8] und die Semperoper[9]! Die Atmosphäre in Dresden ist ganz anders als hier in Berlin.

C: Das klingt interessant. Ich fahre gern mit![10]

ゼンパー歌劇場

---

1) 「おいしく召し上がれ！」
2) 「フライドポテトつきウィーン風カツレツ」
3) zu Mittag essen「昼食をとる」。zu Abend essen「夕食をとる」
4) mit … zusammen「～と一緒に」
5) aus＋3 格 bestehen「～から構成されている」
6) bei ihr「彼女のところに」
7) 「フラウエン教会」1945 年 2 月 13 日・14 日のイギリス・アメリカ連合軍による歴史的大空襲によって倒壊。その後，東ドイツ時代には瓦礫がそのまま残されていたが，東西ドイツ再統一後の1994 年に世界各国からの寄付で再建が始まり，

2005 年に完成した。
8) 「ツヴィンガー宮殿」後期バロック様式の建築物。18 世紀初めにアウグスト豪胆王の居城として建てられたが，第二次世界大戦の戦禍で破壊され，1960 年代にソ連の援助で原型に忠実に再建された。
9) 「ゼンパー歌劇場」その名は建築家ゴットフリート・ゼンパーに由来し，1841 年に完成された。やはり第二次世界大戦中に破壊されたが，東ドイツ政府は 1985 年に再建を果たした。
10) 「喜んで同行するよ。」mitfahren は分離動詞。
➡ 分離動詞 *S.30*

Fragen zum Text

♪ 27

1. Was nimmt Ming?
2. Was wird Ming später vielleicht?
3. Wohin fahren Shiho, Thomas und Monika am Wochenende?
4. Wie viele Bundesländer gibt es in Deutschland?
5. Wer zeigt Shiho und Ming Dresden?
6. Was besichtigen sie in Dresden?

フラウエン教会

Partnerübung

♪ 28

> **Beispiel**　Apotheke (*f.*) / rechts / 2
>
> P1：Entschuldigung, gibt es hier eine Apotheke*?
>
> P2：Ja. Gehen Sie geradeaus! Dann sehen Sie rechts eine Apotheke.
>
> P1：Wie lange dauert das?　　　　P2：Etwa zwei Minuten zu Fuß.

1) Supermarkt (*m.*) / links / 15
2) Bank (*f.*) / rechts / 25
3) Krankenhaus (*n.*) / links / 30

*「es gibt + 4 格」は，意味のない非人称の es を主語にした「～がある」の意味の熟語的表現。

➡ 非人称の主語 es *S.26*

♪ 29

> **数詞（2）**
>
> | | | |
> |---|---|---|
> | 21 einundzwanzig | 22 zweiundzwanzig | 23 dreiundzwanzig |
> | 24 vierundzwanzig | 25 fünfundzwanzig | 26 sechsundzwanzig |
> | 27 siebenundzwanzig | 28 achtundzwanzig | 29 neunundzwanzig |
>
> 30 drei*ß*ig　　31 einunddreißig　　40 vierzig　　50 fünfzig　　60 *sech*zig
>
> 70 *sieb*zig　　80 achtzig　　90 neunzig　　100 (ein)hundert

Föderalismus（連邦制度）

ドイツ連邦共和国は 16 の連邦州から構成されている連邦国家です。1945 年 5 月にドイツが無条件降伏して第二次世界大戦が終結すると，ドイツはアメリカ・イギリス・フランス・ソ連の戦勝 4 カ国による占領統治の時代に入りました。そのうち西側 3 占領地区から，1949 年 5 月，11 の連邦州から成るドイツ連邦共和国（西ドイツ）が誕生します。中央集権的だったナチス政権が引き起こした戦争に対する反省をふまえ，州政府が大きな力をもつ地方自治のシステムが開始されました。一方，ソ連占領地区では，1949 年 10 月にドイツ民主共和国（東ドイツ）が建国される以前，5 つの州が形成されますが，すでに 1952 年には，これらの州は東ドイツ政府によって解体され，中央集権化が導入されました。1989 年 11 月 9 日の壁崩壊後，かつての東ドイツの州を再建する要求が高まり，1990 年 3 月 18 日の東ドイツ最初の自由選挙で 5 州を再形成することが決定されました。1990 年 10 月 3 日，ドイツ民主共和国の 5 州はドイツ連邦共和国へと加入し，東西ドイツは再統一されました。

Lektion 5　Die Bundeswehr（連邦軍）

Grammatik

1.　前置詞の格支配

1）2格支配

statt	〜の代わりに	trotz	〜にもかかわらず
während	〜の間に	wegen	〜のために　　など

　　trotz des Regens 雨にもかかわらず　　während des Sommers 夏の間

2）3格支配

aus 〜（の中）から	bei 〜のところに，〜の際に	mit 〜と一緒に，〜でもって
nach 〜へ，〜の後に，〜によれば		seit 〜以来
von 〜から，〜の，〜によって		zu 〜へ　　など

　　aus dem Zimmer 部屋の中から　　mit der U-Bahn 地下鉄で

3）4格支配

durch 〜を通って	für 〜のために	gegen 〜に対して
ohne 〜なしで	um 〜のまわりに	など

　　durch den Park 公園を通って　　um den See 湖のまわりに

4）3・4格支配

an 〜のきわ（に・へ）	auf 〜の上（に・へ）	hinter 〜の後ろ（に・へ）
in 〜の中（に・へ）	neben 〜の横（に・へ）	über 〜の上方（に・へ）
unter 〜の下（に・へ）	vor 〜の前（に・へ）	zwischen 〜の間（に・へ）

　　◆3格：動作の**場所**　Das Buch liegt **auf dem** Tisch.　　その本は机の上にあります。
　　　4格：動作の**方向**　Ich lege das Buch **auf den** Tisch.　　私はその本を机の上へ置きます。

2.　前置詞と定冠詞の融合形

　定冠詞の指示的意味が弱いときに，前置詞と定冠詞が融合することがあります。

an dem → am	an das　→ ans	bei dem → beim	in dem → im
in das　→ ins	von dem → vom	zu dem → zum	zu der → zur　　など

3.　前置詞と人称代名詞・疑問代名詞の融合形

1）前置詞と人称代名詞の融合形

　　前置詞とともに用いられた人称代名詞が「物」を指す場合：　**da(r)＋前置詞**

　　　Lernen Sie fleißig für die Prüfung? — Ja, ich lerne fleißig **dafür**.
　　　　あなたは試験のために一生懸命に勉強しているのですか。はい，そのために一生懸命に勉強しています。

　　　Arbeiten Sie fleißig für Ihre Kinder? — Ja, ich arbeite fleißig für sie.
　　　　あなたはお子さんたちのために勤勉に働いているのですか。はい，彼らのために勤勉に働いています。

2）前置詞と疑問代名詞の融合形

　　前置詞とともに疑問代名詞 was が用いられる場合：　**wo(r)＋前置詞**

　　　Wofür lernen Sie fleißig? — Ich lerne fleißig für die Prüfung.
　　　　あなたは何のために一生懸命に勉強しているのですか。私は試験のために一生懸命に勉強しています。

　　　Für wen arbeiten Sie fleißig? — Ich arbeite fleißig für meine Kinder.
　　　　あなたは誰のために勤勉に働いているのですか。私は私の子供たちのために勤勉に働いています。

1. 例にならい質問に答えて，全文を和訳してみよう。 ♪
32

例　Wohin fahren Sie während der Ferien? (nach / München)

— Ich fahre nach München.

1) Wohin fährst du während der Sommerferien? (nach / Italien)

2) Wohin fahrt ihr während des Urlaubs? (nach / Österreich)

3) Wohin gehst du vor der Mittagspause? (zu / die Bank)

4) Wohin geht Paul nach dem Abendessen? (zu / der Vortrag)

2. 例にならい質問に答えて，全文を和訳してみよう。

例　Wohin legen Sie die Zeitschrift? (auf / der Tisch)

— Ich lege sie auf den Tisch.

Wo liegt die Zeitschrift jetzt? — Sie liegt auf dem Tisch.

1) Wohin stellst du die Bücher? (in / das Regal)

2) Wo stehen die Bücher jetzt?

3) Wohin hängt Christine das Poster? (an / die Wand)

4) Wo hängt das Poster jetzt?

3. 例にならい質問に答えて，全文を和訳してみよう。

例　Schreiben Sie Ihr Referat mit dem Computer? — Ja, ich schreibe es damit.

Fahren Sie mit Ihren Eltern nach Frankreich?

— Ja, ich fahre mit ihnen nach Frankreich.

1) Denkst du jetzt an deine Freundin?

2) Denkt er jetzt an seine Zukunft?

3) Wartet sie jetzt auf ihren Freund?

4) Wartet ihr jetzt auf das Taxi?

4. 例にならい質問に答えて，全文を和訳してみよう。

例　Womit ist Lukas zufrieden? (seine Arbeit) — Er ist mit seiner Arbeit zufrieden.

Mit wem ist Daniela zufrieden? (ihr Chef) — Sie ist mit ihrem Chef zufrieden.

1) Wovon spricht Frau Schmidt? (ihre Hochzeit)

2) Von wem spricht Herr Kurt? (sein Sohn)

3) Worauf ist Sabine stolz? (ihr Erfolg)

4) Auf wen ist Maximilian stolz? (seine Frau)

♪ 33

A: Shiho　B: Thomas

A: Was liest du, Thomas?

B: Einen Artikel im „Spiegel"[1].

A: Worum geht es[2]?

B: Es geht um die Aufstockung der Verteidigungsausgaben und die Modernisierung der Bundeswehr.

A: Deutschland hat eine Armee, die Bundeswehr. Was ist die Aufgabe der Bundeswehr?

B: Die Verteidigung Deuschlands und seiner NATO[3]-Partner. Aber die Bundeswehr ist aktuell auch in Europa, Asien und Afrika im Einsatz. Mit diesen Auslandseinsätzen leistet sie einen Beitrag zur Sicherheit und Stabilität in der Welt.

A: Sind die Bedenken gegen solche Einsätze nicht groß?

B: Doch, es gibt natürlich Kritik sowohl von Seiten der Politiker als auch[4] der Bevölkerung. Wechseln wir lieber[5] das Thema! Hast du schon Pläne für den Sommer?

A: Ja. Ende Juli fliege ich nach England. Mein Bruder arbeitet bei einer Bank in London. Wir reisen mit dem Auto durch England. Dann fahre ich im August mit meinen Freundinnen nach Süddeutschland. Ansonsten schreibe ich in der Bibliothek meine Seminararbeiten.

B: Wie fahrt ihr nach Süddeutschland? Mit dem Auto?

A: Nein, wir fahren mit dem Zug nach Heidelberg, Stuttgart, Tübingen, Freiburg und München. Und du? Was machst du während der Sommerferien?

B: Im August jobbe ich in einem Museum. Im September reise ich dann zwei Wochen mit Monika durch Italien. Die Reise wird sicher ein Erlebnis!

『シュピーゲル』誌

ドイツ連邦軍

---

1) „Der Spiegel" 『シュピーゲル』。1947 年に創刊されたドイツの週刊誌。政治・経済・文化・学問に関するアクチュアルなテーマを扱っている。

2) es geht um + 4 格「〜が問題だ」。非人称の es を主語にした熟語的表現。 ➡ 非人称の主語 es S.26

3) 「北大西洋条約機構」。2022 年現在，加盟国は 30 カ国。

4) sowohl A als auch B「A も B も」

5) lieber「むしろ」

Fragen zum Text

1. Was liest Thomas?
2. Worum geht es in dem Artikel?
3. Wo sind die Einsatzgebiete der Bundeswehr?
4. Wie fährt Shiho nach Süddeutschland?
5. Was macht Thomas im August?
6. Wohin fährt Thomas im September?

キオスクの新聞・雑誌売り場

Partnerübung

┌─ **Beispiel**　Donnerstag / ins Kino gehen / Freund ─────
│ P1: Was machst du am Donnerstag?　P2: Am Donnerstag gehe ich ins Kino.
│ P1: Mit wem gehst du ins Kino?　P2: Mit meinem Freund.
│ P1: Viel Spaß!　P2: Danke!
└──────────────────────────────

1) Freitag / ins Konzert gehen / Freundin
2) Samstag / ins Theater gehen / Frau
3) Sonntag / in die Oper gehen / Mann

┌─ **曜日・月・季節**（すべて男性名詞）──────────────────────
│ Montag 月曜日，Dienstag 火曜日，Mittwoch 水曜日，Donnerstag 木曜日，Freitag 金曜日，
│ Samstag 土曜日，Sonntag 日曜日 ⇨ am Montag 月曜日に
│
│ Januar 1月，Februar 2月，März 3月，April 4月，Mai 5月，Juni 6月，Juli 7月，August 8月，
│ September 9月，Oktober 10月，November 11月，Dezember 12月 ⇨ im Januar 1月に
│
│ Frühling 春，Sommer 夏，Herbst 秋，Winter 冬 ⇨ im Frühling 春に
└───

Die Bundeswehr（連邦軍）

ドイツ連邦軍は 1955 年に誕生し，同年，ドイツ連邦共和国が NATO に加盟しました。2022 年のデータ
では，その兵士数は 183,758 人，うち女性は 23,716 人で，全体のおよそ 13% です。1956 年以来，
18 歳に達したドイツ人男性には兵役義務がありましたが，2011 年 7 月 1 日，この兵役義務の中止が発効
されました。ドイツ基本法は連邦軍の NATO 域外への派兵を禁じています。しかしボスニア・ヘルツェゴ
ビナ紛争時の 1994 年，連邦憲法裁判所が国連決議と連邦議会の承認があれば合憲という判決を出して以後，
連邦軍は，マリなどのアフリカ，イラクなどの中東における平和維持活動に派兵をしています。2022 年 2
月 27 日，ロシアのウクライナ侵攻を受けて，オーラフ・ショルツ首相は連邦議会で演説し，国防費をこれ
までの GDP 比 1,5% 程度から 2% 以上に増額すると発表しました。首相はウクライナへの武器供与も決め，
ドイツは「外交・安全保障政策における転換点」を迎えたとされました。しかし国内世論には，「今は軍拡を
議論する時ではなく，ウクライナの人々を具体的に援助する時だ」といった批判も聞かれました。

Lektion 6　Die Europäische Union（欧州連合）

1.　話法の助動詞の現在人称変化

	dürfen ～してよい	können ～できる	mögen ～かもしれない	müssen ～ねばならない	sollen ～すべきだ	wollen ～するつもりだ	(möchten) ～したい
ich	**darf**	**kann**	**mag**	**muss**	**soll**	**will**	möchte
du	**darfst**	**kannst**	**magst**	**musst**	**sollst**	**willst**	möchtest
er	**darf**	**kann**	**mag**	**muss**	**soll**	**will**	möchte
wir	dürfen	können	mögen	müssen	sollen	wollen	möchten
ihr	dürft	könnt	mögt	müsst	sollt	wollt	möchtet
sie	dürfen	können	mögen	müssen	sollen	wollen	möchten
Sie	dürfen	können	mögen	müssen	sollen	wollen	möchten

◆ 本動詞は不定詞にして文末に置きます（枠構造）。

　　Shiho **kann** sehr gut Deutsch **sprechen**.　　シホはとても上手にドイツ語を話すことができます。

◆ 話法の助動詞は単独で用いられることがあります。

　　Shiho **kann** sehr gut Deutsch.　　シホはとても良くドイツ語ができます。

　▷ mögen は単独で用いられると，「～を好きだ」の意味になります。

2.　未来形

werden を助動詞とし，本動詞を不定詞にして文末に置きます（枠構造）。

　　Wir **werden** im Sommer nach Deutschland **fahren**.　　私たちは夏にドイツへ行くでしょう。

　▷ werden を推量の意味で用いることもあります。

　　Er **wird** wohl krank **sein**.　　彼はたぶん病気なのでしょう。

3.　非人称動詞

特定の意味をもたない非人称の es を主語にします。

1）天候・自然現象・時刻

　　　Es regnet draußen.　　　　　　　　　　　　外は雨が降っています。

　　　Bei uns in Japan ist **es** im Sommer sehr heiß.　　ここ日本では夏はとても暑いです。

　　　Es ist jetzt neun.　　　　　　　　　　　今9時です。

2）熟語・慣用句

　　es gibt ＋ 4 格　「～がある」　**Es gibt** hier in der Nähe *einen Park*.　この近くに公園があります。

　　es geht ＋ 3 格　「～の調子は～である」　Wie **geht es** *Ihnen*? — Danke, **es geht** *mir* gut.
　　　　　　　　　　　　　　　　　　　　　　　　お元気ですか。ありがとう，元気です。

4.　不定代名詞 man

漠然と「人」を表すときに用います。3人称単数扱いで，所有冠詞は sein です。人称代名詞の er で受けることはできず，必要なときは man を繰り返します。

　　Fährt man in Japan rechts? — Nein, man fährt in Japan links.
　　　日本では車は右側通行ですか。いいえ，左側通行です。

1. 例にならい質問に答えて，全文を和訳してみよう。

   例　Können Sie Japanisch sprechen? — Ja, ich kann Japanisch sprechen.

   1) Kannst du Klavier spielen?
   2) Könnt ihr Ski fahren?
   3) Müssen Sie heute noch arbeiten?
   4) Muss Stefan morgen zu Hause bleiben?

2. 例にならい質問に答えて，全文を和訳してみよう。

   例　Darf ich hier rauchen? — Nein, du darfst hier nicht rauchen.

   1) Dürfen wir jetzt sprechen?
   2) Darf ich hier parken?
   3) Willst du in Deutschland studieren?
   4) Will Sigrid in den Ferien jobben?

3. 例にならい質問に答えて，全文を和訳してみよう。

   例　Was möchten Sie jetzt trinken? (Wasser) — Ich möchte jetzt Wasser trinken.
   　　Was magst du? (Orangen(*pl.*)) — Ich mag Orangen.

   1) Was möchtest du heute essen? (eine Pizza)
   2) Was möchtet ihr morgen machen? (ins Kino gehen)
   3) Was mag deine Schwester? (Tomaten(*pl.*))
   4) Was mag euer Sohn? (Bananen(*pl.*))

4. 例にならい質問に答えて，全文を和訳してみよう。

   例　Regnet es im Juni in Kagoshima viel? (ja) — Ja, es regnet viel.
   　　Ist es im April in Sendai sehr warm? (nein) — Nein, es ist nicht so warm.

   1) Schneit es im Januar in Niigata oft? (ja)
   2) Ist es im Februar in Sapporo sehr kalt? (ja)
   3) Ist es im Oktober in Osaka sehr schwül? (nein)
   4) Ist es im Dezember in Tokyo sehr windig? (nein)

♪
42

A: Shiho　B: Marie

A: Hallo, Marie! Wie geht's dir?[1]

B: Danke, gut. Und dir?

A: Danke, es geht.

B: Was machst du hier?

A: Ich suche einen Reiseführer für England. Im Juli besuche ich meinen Bruder in London. Ich möchte deshalb von England Grundkenntnisse haben.

EUの27
加盟国

B: Du musst unbedingt deinen Reisepass mitnehmen. England ist seit 2020 kein EU[2]-Mitgliedsstaat mehr. Du musst auch Euro in Pfund wechseln.

A: Ja, genau. Das ist wichtig. Polen gehört seit 2004 zur EU. Wie stehen die Menschen in Polen zur EU? Jetzt haben von 27 EU-Ländern 19 den Euro. In Polen benutzt man aber noch nicht den Euro.

B: Es gibt natürlich verschiedene[3] Meinungen. Sie sind sogar widersprüchlich. Seit dem Beitritt zur EU wächst die Volkswirtschaft in Polen sehr schnell. Polens Bruttoinlandsprodukt ist in der EU relativ hoch. Seit Jahren ist die Mehrheit der Polen in Umfragen für den Euro. Die Regierungspartei ist aber euroskeptisch[4]. Sie übt an der EU Kritik und agiert manchmal gegen die EU. Die EU kann jeden Mitgliedsstaat zu ihren Vorgaben zwingen. Diese Vorstellung schürt Ängste der Polen. Nicht wenige[5] Menschen in Polen befürchten den Verlust ihrer Unabhängigkeit.

A: Was willst du dann nach dem Studium machen? Du studierst ja VWL[6]. Deutschland ist ein wichtiger[7] Handelspartner Polens.

B: Ich möchte hier in Deutschland arbeiten. Aber das ist noch offen. Mal sehen.[8] Shiho, was machst du heute noch? Hast du jetzt Zeit?

A: Nein, leider nicht. Ich muss in der Bibliothek viel für die Semesterprüfungen lernen! Klausuren, Klausuren, Klausuren… Zuerst muss ich die Klausuren schaffen…

B: Wollen wir dann in den Semesterferien einmal gemütlich zusammen essen?[9]

A: Ja, sehr gerne.

---

1) Wie geht's dir? = Wie geht es dir?

2) die EU = die Europäische Union「欧州連合」

3) 形容詞 verschieden「多様な」に格語尾 e がついている。➡ 形容詞の格変化 S.38

4) euroskeptisch「ユーロに懐疑的な」

5) 形容詞 wenig「少ない」に格語尾 e がついている。

➡ 形容詞の格変化 S.38

6) VWL = Volkswirtschaftslehre「経済学」

7) 形容詞 wichtig「重要な」に格語尾 e がついている。➡ 形容詞の格変化 S.38

8)「様子を見てみましょう。」

9) Wollen wir...?「～しませんか。」(誘い・促し)

Fragen zum Text

フランクフルトのECB本部

1. Was sucht Shiho?
2. Wie viele Mitgliedsstaaten hat die EU?
3. Ist die Währung Polens der Euro?
4. Sind die Meinungen zur EU in Polen einheitlich?
5. Wo will Marie nach dem Studium arbeiten?
6. Was muss Shiho heute noch machen?

Partnerübung

Beispiel   Kaffee trinken / Café (*n.*) / Buchhandlung (*f.*) / jobben

P1: Ich möchte mit dir Kaffee trinken. Wollen wir jetzt ins Café gehen?

P2: Nein, das geht leider nicht. Ich muss heute noch in der Buchhandlung jobben. Aber morgen kann ich mit dir ins Café gehen.

---

1) zu Abend essen / Restaurant (*n.*) / Büro (*n.*) / arbeiten
2) spazieren gehen / Park (*m.*) / Bibliothek (*f.*) / lernen
3) einen Film sehen / Kino (*n.*) / Stadion (*n.*) / trainieren

---
数詞（3）

| 1 000 | (ein)tausend | 10 000 | zehntausend | 100 000 | hunderttausend |

1 000 000   eine Million

1995   eintausendneunhundertfünfundneunzig

年号

1995   neunzehnhundertfünfundneunzig

2023   zweitausenddreiundzwanzig

Die Europäische Union（欧州連合）

1992年12カ国がマーストリヒト条約に調印して誕生したEUは，2022年現在，27の加盟国をもち，2002年に開始されたユーロ圏には，19カ国が参加しています。そのユーロ圏で最大の経済規模をもつのがドイツです。ユーロの金融政策の運営を一任されている欧州中央銀行（ECB）の本部は，ドイツ中部の金融都市フランクフルトに置かれています。しかし，2020年2月1日，ヨーロッパでドイツに次ぐ第2の経済大国イギリスがEUを離脱しました。背景にはEUの政策に対する不信があったとされます。また2021年には，EUと加盟国ポーランドとの関係が悪化しました。ポーランドはEUの司法裁判所の命令に応じず，「国内法はEUの法より優位にある」と表明したのです。「多様性における統一」を基本理念に掲げるEU。約5億人の「EU市民」は，まさにその多様性と統一のあいだで自らのアイデンティティーを模索し続けています。

Lektion 7　Ein Firmenpraktikum（インターンシップ）

Grammatik

1.　分離動詞とその用法

46

1）分離動詞　zurück（分離する前綴り）＋ kommen（基礎動詞）→ zurückkommen

2）主文で定動詞になる場合に分離し，前綴りは文末（枠構造）。

平叙文　Sie **kommen** heute um fünf **zurück**.　　　あなたは今日 5 時に戻ります。

否定文　Sie **kommen** heute um fünf nicht **zurück**.　あなたは今日 5 時に戻りません。

疑問文　**Kommen** Sie heute um fünf **zurück**?　　　あなたは今日 5 時に戻りますか。

命令文　**Kommen** Sie heute um fünf **zurück**!　　　今日 5 時に戻ってください。

▷ 不定詞として用いられる場合には分離しません。

Sie müssen heute um fünf **zurückkommen**.　　あなたは今日 5 時に戻らなくてはなりません。

2.　非分離動詞

47

アクセントのない前綴り **be-**, **emp-**, **ent-**, **er-**, **ge-**, **ver-**, **zer-**, **miss-** をもつ動詞。

Sie **bekommen** heute Besuch.　　あなたには今日来客があります。

3.　再帰代名詞と再帰動詞

48

1）再帰代名詞

	(ich)	(du)	(er)	(sie)	(es)	(Sie)	(wir)	(ihr)	(sie)	(Sie)
3格	mir	dir	**sich**	**sich**	**sich**	**sich**	uns	euch	**sich**	**sich**
4格	mich	dich	**sich**	**sich**	**sich**	**sich**	uns	euch	**sich**	**sich**

◆ 再帰代名詞は主語と同じものを表します。

Ich kaufe **mir** den Ring.　私は自分にその指輪を買います。　　**Ich** liebe **mich**.　私は自分を愛しています。

2）再帰動詞

再帰代名詞と結合して 1 つの概念を表します。3 格の再帰代名詞をとるものと，4 格の再帰代名詞をとるものがあります。

Ich **überlege** es **mir**.　私はそれをよく考えてみます。　Ich **freue mich** herzlich.　私は心から喜んでいます。

4.　接続詞

49

1）並列の接続詞（主文を導き，定動詞正置）

aber しかし　　denn なぜなら　　oder あるいは　　und そして　　　　など

Andreas kommt heute nicht, **denn** er ist krank.　　アンドレアスは病気なので，今日は来ません。

2）従属の接続詞（副文を導き，定動詞後置）

als 〜したとき　　dass 〜ということ　　da 〜なので　　weil 〜なので
wenn 〜するとき, 〜ならば　　ob 〜かどうか　　obwohl 〜にもかかわらず　　など

Andreas kommt heute nicht, **weil** er krank **ist**.　　アンドレアスは病気なので，今日は来ません。

Weil er krank **ist**, **kommt Andreas** heute nicht.（副文が先行すると，続く主文では定動詞倒置）

▷ 副文中では分離動詞は分離せず，前綴りと結合して 1 語となります。

Ich rufe dich an, **wenn** ich von der Reise **zurückkomme**.　　旅行から戻ったら, きみに電話します。

1. 例にならい質問に答えて，全文を和訳してみよう。

   例　Wo kaufen Sie immer ein? (im Supermarkt) — Ich kaufe immer im Supermarkt ein.

   1) Wann laden Sie Ihre Freunde zum Essen ein? (am Samstag)
   2) Wen holt Frank heute vom Bahnhof ab? (seine Eltern)
   3) Was hast du am Wochenende vor? (nichts)
   4) Wann ruft sie mich an? (heute Abend)

2. 例にならい質問に答えて，全文を和訳してみよう。

   例　Freuen Sie sich auf den Urlaub? — Ja, ich freue mich darauf.

   1) Interessierst du dich für Politik?
   2) Erinnert ihr euch noch an die Reise?
   3) Möchtest du dir den Film ansehen?
   4) Können Sie sich den Zufall vorstellen?

3. 例にならい質問に答えて，全文を和訳してみよう。

   例　Warum frühstücken Sie nicht*? (keine Zeit haben) — Weil ich keine Zeit habe.

   1) Warum kommst du nicht mit? (keine Lust haben)
   2) Warum raucht Frau Kern so viel? (immer Stress haben)
   3) Warum isst Angelika kein Brot? (nicht dick werden wollen)
   4) Warum arbeitet Oliver so fleißig? (viel verdienen wollen)

   ＊nicht の位置については，
   1) 全文否定する nicht は一般に文末。Ich frühstücke heute **nicht**.　私は今日朝食をとりません。
   2) 部分否定する nicht は否定したい語(句)の直前。Ich frühstücke **nicht** heute.

   私は今日は朝食をとりません。

   ただし，1) の全文否定でも，定動詞と強く結びついている文成分がある場合には，nicht は
   その直前。　① Er kann heute **nicht** mitkommen.(不定詞)　② Er kommt heute **nicht** mit.
   (分離動詞の前綴り)　③ Er ist heute **nicht** mitgekommen.(過去分詞) ➡ 現在完了形 *S.34*
   ④ Er ist **nicht** fleißig.(動詞 sein や werden と結びついて述語になる形容詞や名詞)

   ---

4. 例にならい質問に答えて，全文を和訳してみよう。

   例　Wo arbeitet Herr Wagner jetzt? — Ich weiß nicht, wo er jetzt arbeitet.
   　　Arbeitet Herr Wagner jetzt in Berlin? — Ich weiß nicht, ob er jetzt in Berlin arbeitet.

   1) Wann kommt der Zug in München an?
   2) Was sollen wir mitbringen?
   3) Findet das Konzert am Freitag statt?
   4) Soll ich in Köln umsteigen?

♩
51

A: Shiho　B: Thomas　C: Monika

A: Monika, der Kartoffelsalat schmeckt sehr gut!

C: Danke. Als Nachtisch gibt es noch Eis.

A: Du machst jetzt bei einer Firma ein Praktikum. Macht es dir Spaß?

C: Ja, sehr. Ich kann dabei viel lernen, obwohl die Arbeit hart ist. Ich weiß noch nicht richtig, was ich studieren soll.

A: Beginnt man in Deutschland nach dem Abitur nicht gleich das Studium?

B: Nein, nicht immer. Wie du vielleicht schon weißt, ist in Deutschland das Durchschnittsalter der Hochschulabsolventen ziemlich hoch, 23,6 Jahre. Dafür gibt es verschiedene[1] Gründe. Einige Freunde von mir machen vor dem Studium eine Berufsausbildung wie Monika. Elena macht gerade während des Studiums ein Pflichtpraktikum[2] und Lukas macht freiwillig ein Praktikum in England.

A: Wie lange dauert ein Praktikum?

B: Sehr unterschiedlich. Aber meistens drei Monate.

A: Wie lebt man denn während eines Praktikums?

B: Es gibt bezahlte und unbezahlte[3] Praktika. Lukas bekommt etwa 1200 Euro im Monat, aber Elena nichts. Sie ist finanziell total abhängig von ihren Eltern.

C: So, jetzt kommt das Eis! Shiho, hast du übrigens morgen Abend schon etwas vor?

A: Morgen Abend? Warum denn?

C: Ich habe zwei Eintrittskarten für das Sommerkonzert. Eine Freundin von mir spielt in einem Orchester Flöte. Thomas muss morgen jobben. Wenn du Zeit und Lust hast, können wir zusammen ins Konzert gehen.

A: Gerne. Wann fängt das Konzert an?

C: Um acht.

A: Wann treffen wir uns[4]?

C: Ich hole dich um sieben ab.

A: Ich freue mich sehr darauf!

インターンシップをしている学生
Foto: Bosch

---

1) 形容詞 verschieden「さまざまな」に格語尾 e がついている。　➡形容詞の格変化 S.38

2) das Pflichtpraktikum「卒業条件で必修とされるインターンシップ」

3) bezahlt「有給の」，unbezahlt「無給の」に形容詞の格語尾 e がついている。　➡形容詞の格変化 S.38

4) 主語が複数を意味する語の場合，再帰代名詞は「互いに」の意味で用いられることがある。

Fragen zum Text

ミュンヘンの BMW 本社

1. Weiß Monika schon, was sie studieren will?
2. Was machen Lukas und Elena jetzt?
3. Wie lange dauert ein Praktikum?
4. Bekommt man bei einem Praktikum immer Geld?
5. Hat Shiho morgen Abend schon etwas vor?
6. Wann fängt das Sommerkonzert an?

Partnerübung

Beispiel auf|stehen / 7:30 / sich⁴ duschen / los|fahren / 8:15

P1: Um wie viel Uhr stehst du morgen auf? P2: Gegen halb acht.

P1: Was machst du dann? P2: Ich dusche mich.

P1: Wann fährst du los? P2: Um Viertel nach acht.

1) frühstücken / 9:00 / sich³ die Zähne putzen / deinen Chef an|rufen / 9:45

2) nach Hause zurück|kommen / 17:30 / sich³ die Haare waschen / wieder aus|gehen / 18:50

3) zu Abend essen / 20:00 / sich⁴ entspannen / ins Bett gehen / 22:30

時刻の表現

何時ですか。	Wie viel Uhr ist es? / Wie spät ist es?
6:00 Uhr	Es ist sechs Uhr. / Es ist sechs.
6:15 Uhr	sechs Uhr fünfzehn / Viertel nach sechs
6:30 Uhr	sechs Uhr dreißig / halb sieben
6:45 Uhr	sechs Uhr fünfundvierzig / Viertel vor sieben
13:00 Uhr	Es ist dreizehn Uhr. / Es ist eins (ein Uhr).
午後 6 時ちょうどに	um achtzehn Uhr / um sechs (Uhr)
午後 6 時ごろに	gegen achtzehn Uhr / gegen sechs (Uhr)

Ein Firmenpraktikum（インターンシップ）

ドイツの学生の就職事情は日本と大きく異なります。大学の終了資格には，1) 通常 6〜8 学期を終えたあとの学士号にあたるバチェラー (Bachelor)，2) バチェラー取得後 2〜4 学期を終えたあとの修士号にあたるマスター (Master)，そして 3) ドクター (Doktor) があります。ドイツの企業は，新卒者も含めた大卒者を即戦力とみなすため，学生には，専門理論の基礎の習得と同時に実務能力の養成が要求されます。そこで学生にとっては，インターンシップが重要となるのです。インターンシップには，大学入学前，在学中，卒業後に行うものがあります。在学中のインターンシップには主に次の3種類があります。1)卒業要件として必修とされるもの，2)必修ではありませんが大学が推奨するもの，3)学生が自発的に行うもの。日本のように企業が新卒者のために一定数のポストを用意することは稀なため，ドイツの大学生たちはかなり遅い時期に就職活動を開始し，卒業と採用のあいだに何か月もの期間があくことも珍しくありません。年齢にとらわれずに就活できる反面，新卒者はすでに実務経験のある求職者と同じ土俵で勝負しなければならないのです。

Lektion 8　Erneuerbare Energien（再生可能エネルギー）

1.　動詞の３基本形

	不定詞		過去基本形	過去分詞
規則動詞 （弱変化動詞）	—en		—te	ge—t
	lernen	学ぶ	lernte	gelernt
	arbeiten[1]	働く	arbeitete	gearbeitet
不規則動詞 （強変化動詞）	—en		✕	ge—✕en
	gehen	行く	ging	gegangen
（混合変化動詞）	—en		✕te	ge—✕t
	denken	考える	dachte	gedacht

[1] 語幹が -d, -t などで終わる動詞の過去基本形，過去分詞には口調上の e を添えます。

2.　注意すべき動詞の３基本形

1）分離動詞　　　　　　　　　*auf*stehen　起きる　　　**stand**…*auf*　*auf*gestanden
2）過去分詞に **ge-** がつかない動詞

　　① 非分離動詞　　　　　　*ver*stehen　理解する　　*ver*stand　　*ver*standen
　　② -ieren で終わる動詞　studieren　大学で学ぶ　studierte　　studiert

3.　過去人称変化

不定詞	lernen	gehen
過去基本形	lernte	ging
ich —	lernte	ging
du —st	lerntest	gingst
er —	lernte	ging
wir —(e)n	lernten	gingen
ihr —t	lerntet	gingt
sie —(e)n	lernten	gingen
Sie —(e)n	lernten	gingen

4.　現在完了形の人称変化

不定詞 lernen		gehen	
（haben 支配）		（sein 支配）	
ich **habe**	… gelernt	ich **bin**	… gegangen
du **hast**	… gelernt	du **bist**	… gegangen
er **hat**	… gelernt	er **ist**	… gegangen
wir **haben**	… gelernt	wir **sind**	… gegangen
ihr **habt**	… gelernt	ihr **seid**	… gegangen
sie **haben**	… gelernt	sie **sind**	… gegangen
Sie **haben**	… gelernt	Sie **sind**	… gegangen

5.　完了の助動詞

♪ 55

現在完了形は haben または sein を助動詞とし，過去分詞を文末に置きます(枠構造)。

　　Ich **habe** gestern Deutsch **gelernt**.　　　　　私は昨日ドイツ語を勉強しました。
　　Ich **bin** am Wochenende ins Kino **gegangen**.　　私は週末に映画館へ行きました。

haben 支配：すべての他動詞，話法の助動詞，再帰動詞，自動詞の大部分
sein 支配：次の自動詞　　1）場所の移動：gehen 行く，fahren（乗り物で）行く，kommen 来る　など
　　　　　　　　　　　　2）状態の変化：werden ～になる，wachsen 成長する，sterben 死ぬ　など
　　　　　　　　　　　　3）その他　　：sein ～である，bleiben とどまる，begegnen 出会う　など

1. 例にならい質問に答えて，全文を和訳してみよう。 ♪ 56

　　例　Waren Sie gestern zu Hause? (ja) — Ja, ich war gestern zu Hause.

　　1) Warst du gestern beim Arzt? (ja)
　　2) Wart ihr am Wochenende in Paris? (nein)
　　3) Hatten Sie gestern Kopfschmerzen? (ja)
　　4) Hatte Alex vorgestern Fieber? (nein)

2. 例にならい質問に答えて，全文を和訳してみよう。

　　例　Mussten Sie gestern arbeiten? — Ja, ich musste gestern arbeiten.

　　1) Wolltest du am Samstag ausgehen?
　　2) Konnte Herr Tanaka im Sommer Urlaub bekommen?
　　3) Musste Helga heute früh aufstehen?
　　4) Konnten Sie schon damals Auto fahren?

　▶話法の助動詞の 3 基本形
　　　dürfen — durfte — gedurft (dürfen)　　können — konnte — gekonnt (können)
　　　mögen — mochte — gemocht (mögen)　　müssen — musste — gemusst (müssen)
　　　sollen — sollte — gesollt (sollen)　　wollen — wollte — gewollt (wollen)
　　→現在完了形
　　　Ich habe sofort nach Hause **gemusst**.　私はすぐに家へ帰らなければなりませんでした。
　　　Ich habe sofort nach Hause *gehen* **müssen**.　私はすぐに家へ帰らなければなりませんでした。
---

3. 例にならい質問に答えて，全文を和訳してみよう。

　　例　Was haben Sie gestern gemacht? (nach Wien fahren)
　　　　— Ich bin nach Wien gefahren.

　　1) Was hast du gestern Abend gemacht? (ein Referat schreiben)
　　2) Was habt ihr gestern Nachmittag gemacht? (Fußball spielen)
　　3) Was hat Bernd am Sonntag gemacht? (zu Hause bleiben)
　　4) Was hat Karin am Freitag gemacht? (ins Konzert gehen)

4. 例にならい質問に答えて，全文を和訳してみよう。

　　例　Wann rufen Sie Herrn Bach an? — Ich habe ihn schon angerufen.

　　1) Wann nimmst du am Seminar teil?
　　2) Wann zieht Frau Buchmann nach Berlin um?
　　3) Wann besucht ihr das Museum?
　　4) Wann repariert Herr Bäcker sein Auto?

A: Thomas B: Shiho

A: Shiho, in den Sommerferien bist du nach Süddeutschland gefahren. Wie war's?[1]

B: Ich habe mit meinen Freundinnen eine Rundreise von Heidelberg bis nach München gemacht. Wir haben viel gesehen und viel erlebt. Wir haben auf dem Weg Stuttgart, Tübingen und Freiburg besucht und Museen, Burgen und Schlösser besichtigt.

A: Dann habt ihr Süddeutschland historisch und kulturell[2] erlebt.

B: Nicht nur das! In Freiburg haben wir Maßnahmen und Technologien zum Klimaschutz kennengelernt. Dort haben wir z.B.[3] den Stadtteil Vauban[4] besucht. Auf den Dächern von Schulen, Kirchen und Häusern sind Solaranlagen und auf den Bergen des Schwarzwaldes Windräder.

A: Freiburg ist ja bekannt als „Green City" und weltweit ein Vorbild für viele[5] Städte. Vor der Corona-Pandemie[6] sind über 25,000 Fachleute aus rund 45 Nationen jedes Jahr nach Freiburg gekommen.

B: Genau. Seit 2009 fahren Freiburgs Straßenbahnen ganz mit Ökostrom, das heißt mit Strom aus Wasserkraft sowie aus Wind- und Sonnenenergie.

A: Die Umweltpolitik Freiburgs hat eine lange[7] Geschichte. Schon einen Monat nach dem Reaktorunfall im April 1986 in Tschernobyl[8] beschloss die Stadt Freiburg einstimmig den Ausstieg aus der Atomenergie.

B: In Freiburg habe ich viele[5] Tipps für den Umweltschutz bekommen. Freiburg war für mich eine Entdeckung!

フライブルク市内を走るトラム

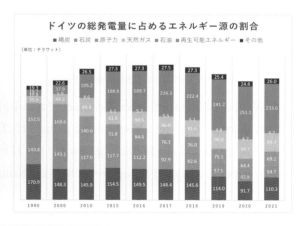

1) Wie war's? = Wie war es?
2) historisch und kulturell「歴史的かつ文化的に」
3) z. B. = zum Beispiel「たとえば」
4)「ヴォーバン地区」フライブルク市の住宅エリア。宅地内における駐車場設置の禁止，路面電車の活用，緑の多さなど，その都市計画は行政と住民の審議を重ねて練りあげられた。
5) 形容詞 viel「多くの」に格語尾 e がついている。
   ➡形容詞の格変化 S.38
6) die Corona-Pandemie「コロナウィルス感染症」
7) 形容詞 lang「長い」に格語尾 e がついている。
   ➡形容詞の格変化 S.38
8)「(旧ソビエト連邦の)チェルノブイリ」

Deutsch mit aktuellen Themen

〈2. aktualisierte Neuauflage〉

身につくドイツ語・初級〈再改訂新版〉

別冊問題集

IKUBUNDO

Lektion 1

1. 次の文章はガブリエル・モレルとアネッテ・フランケの紹介文です。動詞の中から適切なものを選んで現在人称変化させ、全文を和訳してみよう。

sein(2)* unterrichten hören heißen(2) spielen wohnen(2) studieren kommen(2)

*(2) はその動詞を2回使うことを意味します。

1) Ich _____ Gabriel Morel.　　　　　Sie _____ Anette Franke.

2) Ich _____ Student.　　　　　　　Sie _____ Lehrerin.

3) Ich _____ aus Frankreich.　　　　Sie _____ aus Österreich.

4) Aber** ich _____ jetzt in Frankfurt.　Aber sie _____ jetzt in Berlin.

5) Ich _____ Physik.　　　　　　　Sie _____ Deutsch.

6) Ich _____ gern Musik.　　　　　Sie _____ gern Tennis.

　　** 並列の接続詞 aber「しかし」は、後続の語順に影響を与えません。

2. 適切な疑問詞を下線部に入れ、全文を和訳してみよう。

1) _____ heißt du? —— Mein Name ist Ben Habeck.

2) _____ reist Herr Takahashi gern? —— Er reist gern nach Deutschland.

3) _____ lernen Sie? —— Ich lerne Englisch und Französisch.

4) _____ arbeitet ihr? —— Wir arbeiten bei BMW in München.

3. カッコ内の単語をすべて適切な形で用いて、ドイツ語にしてみよう。

1) 明日私はレナのところへ行きます。(「明日」を文頭に置いてください)

(gehen / morgen / zu / ich / Lena)

_____

2) あなたはいまとても幸福ですか。

(jetzt / glücklich / sein / Sie / sehr)

_____

Lektion 2

1. 次の名詞の中から適切なものを選んで定冠詞をつけて格変化させ、全文を和訳してみよう。

> Freund (*m.*)   Uhr (*f.*)   Post (*f.*)   Geschenk (*n.*)   Kuchen (*m.*)(2)

1) _____ schmeckt sehr gut. —— Dann esse ich auch _____.

2) Ich danke immer_____. Er ist sehr nett.

3) Wir schenken Marie _____. Sie hat heute Geburtstag.

4) Wo ist hier _____? Ich schicke da ein Paket.

5) Was kostet _____? —— Sie kostet nur 15 Euro.

2. 次の名詞の中から適切なものを選んで不定冠詞をつけて格変化させ、全文を和訳してみよう。

> Hund (*m.*)   Schule (*f.*)   Kind (*n.*)   Wohnung(*f.*)   Tasche (*f.*)

1) Ich gehe einkaufen. Ich brauche _____.

2) Da spielt _____. Es ist sehr brav.

3) Wir haben _____. Er bellt immer laut.

4) Hier ist _____. Wir lernen da.

5) Das Semester beginnt bald. Leon sucht _____.

3. カッコ内の単語をすべて適切な形で用いて、ドイツ語にしてみよう。
1) その作家のその長編小説は面白いです。

(der Autor / sein / der Roman / interessant)

_____

2) その女性教師はその生徒にその課題を説明します。

(erklären / die Aufgabe / der Schüler / die Lehrerin)

_____

１．下線部の名詞を複数形にして全文を書き換え、和訳してみよう。

1) Ist der Stuhl (-[e]s/-Stühle) hier noch frei?

_____

2) Sehen Sie da das Haus (-es/Häuser)?

_____

3) Wir schenken heute dem Lehrer (-s/-) ein Bild (-[e]s/-er).

_____

２．適切な所有冠詞を下線部に入れ、全文を和訳してみよう。

1) Thomas, ist das _____ Kuli (m.)? ―― Nein, das ist der Kuli von Klaus.

2) Morgen haben wir Besuch. Wir zeigen _____ Gästen (pl.) _____ Stadt(f.).

3) Frau Scherer hat einen Sohn und zwei Töchter. Sie besucht jede Woche _____ Sohn (m.).

4) Maximilian spielt gern Fußball. Das ist _____ Hobby (n.).

３．nicht あるいは kein を適切な形にして下線部に入れ、全文を和訳してみよう。

1) Mein Bruder ist _____ gesund. Er hat seit gestern Fieber.

2) Ist das eine Frage? ―― Nein, das ist _____ Frage. Das ist nur eine Bermerkung.

3) Wir trinken jetzt Mineralwasser. Hast du _____ Durst (m.)?
   ―― Doch, ich habe auch Durst.

4) Herr Müller arbeitet _____ in München. Seine Firma sitzt in Stuttgart.

４．カッコ内の単語をすべて適切な形で用いて、ドイツ語にしてみよう。

1) あなたは何語を話しますか。
(sprechen / welcher / Sprache (f.) / Sie)

_____

2) きみはこの帽子をどう思いますか。
(du / finden / dieser / Hut (m.) / wie)

_____

Lektion 4

1．次の不規則動詞の中から適切なものを選んで現在人称変化させ、全文を和訳してみよう。

> fahren werden geben nehmen sehen wissen essen schlafen

1) Du _____ immer zu wenig. Gehe jetzt schon schlafen!

2) _____ Clara nur Obst und Gemüse? —— Ja, und sie trinkt auch keine Milch.

3) _____ es hier eine Bäckerei? —— Da links _____ du eine Bäckerei.

4) Welchen Zug _____ Herr Flick? Er _____ heute nach Dresden.

5) Florian _____ später vielleicht Rechtsanwalt. —— Das _____ ich auch.

2．カッコ内の動詞を用いて適切な命令形をつくり、全文を和訳してみよう。

1) Markus, _____ mir bitte das Salz! (geben)

2) Kinder, _____ bitte nicht so laut! (sprechen)

3) Frau Schmidt, _____ bitte die Papiere bis morgen! (lesen)

3．適切な人称代名詞を下線部に入れ、全文を和訳してみよう。

1) Das ist meine Nachbarin. Kennst du _____ ?

2) Das Kind hat sicher Hunger. Ich gebe _____ Bananen und Äpfel.

3) Der Film gefällt den Studenten nicht. Sie finden _____ langweilig.

4) Ist das deine Jacke? —— Ja, _____ gehört _____ .

4．カッコ内の単語をすべて適切な形で用いて、ドイツ語にしてみよう。

1) 明日私たちを手伝ってください。(du に対する命令形で)
   (morgen / helfen + 3格 / wir)

_____

2) 誰が彼らにそれらの本を手配するのですか。
   (die Bücher (pl.) / sie / besorgen / wer)

_____

1. 次の前置詞から適切なものを選んで下線部に入れ、全文を和訳してみよう。

> seit   in   während   auf   bei   durch   nach

1) _____ dem Unterricht gehen die Studenten gemeinsam _____ die Mensa.

2) _____ des Essens raucht mein Kollege. Das stört mich immer.

3) Ich habe heute viel Zeit. Ich gehe _____ den Park spazieren.

4) Frau Kuhn arbeitet _____ drei Jahren _____ uns.

5) Stellen Sie bitte den Computer und den Drucker_____ den Schreibtisch!

2. 次の前置詞と定冠詞の融合形から適切なものを選んで下線部に入れ、全文を和訳してみよう。

> beim   im(2)   ins   ans   am

1) Warum bleibst du _____ August in London? — Ich besuche da einen Englischkurs.

2) _____ Sonntag geht Lisa mit ihrem Freund _____ Kino.

3) Die Familie Tanaka fährt _____ Sommer _____ Meer.

4) Sven ist jetzt _____ Zahnarzt. Er leidet seit gestern unter Zahnschmerzen.

3. 下線部に適切な語を入れ、全文を和訳してみよう。ただし、1語だけが入るとは限りません。

1) _____ demonstrieren die Leute? — Sie demonstrieren für den Frieden.

2) _____ telefonierst du so lange? — Ich telefoniere mit meiner Freundin.

3) Diskutiert ihr oft über Politik? — Ja, wir diskutieren sehr oft _____.

4. カッコ内の単語をすべて適切な形で用いて、ドイツ語にしてみよう。

1) 彼は毎日車で仕事へ行きます。
   (das Auto / zu / mit / die Arbeit / er / fahren / jeder / Tag (m.))

_____

2) 私はいつもコーヒーを砂糖なしで飲みます。
   (trinken / ich / Kaffee / ohne / Zucker / immer)

_____

Lektion 6

1. 次の助動詞から適切なものを選んで下線部に入れ、全文を和訳してみよう。

> wollen   dürfen   müssen   werden   können   sollen   mögen

1) Ich möchte die Symphonie live hören. _____ wir am Wochenende zusammen ins Konzert gehen?

2) Sag ihm bitte deutlich deine Meinung ! Er _____ dich dann gut verstehen.

3) _____ ich Sie etwas fragen? —— Ja, natürlich.

4) In diesem Zimmer ist es zu warm. _____ ich das Fenster aufmachen?

5) In der Firma gibt es viel Arbeit. Wir _____ auch am Samstag arbeiten.

6) _____ du Obstkuchen? Ja, und ich esse auch sehr gern Schokoladenkuchen.

7) Die Temperatur auf der Erde _____ bis 2050 weiter steigen.

2. 次の動詞から適切なものを選んで現在人称変化させ、全文を和訳してみよう。

> gewittern   sein   gehen   riechen   werden

1) Es _____ gut in der Küche. Unsere Großmutter kocht Suppe.

2) Wegen des Klimawandels _____ es oft im Sommer in Tokyo.

3) Es _____ um Geld. Ohne Geld kann man das Projekt nicht durchführen.

4) Es _____ schon spät. Wir müssen nach Hause gehen.

5) Es _____ heute Abend kalt. Du musst deine Jacke mitnehmen.

3. カッコ内の単語をすべて適切な形で用いて、ドイツ語にしてみよう。

1) 病院の中では喫煙してはいけません。

(das Krankenhaus / rauchen / dürfen / man / nicht / in)

_____

2) きみの息子さんの具合はどうですか。

(dein / wie / es / Sohn / gehen)

_____

Lektion 7

1. 次の分離動詞から適切なものを選んで現在人称変化させ、全文を和訳してみよう。

> auf|stehen　　an|kommen　　zu|hören　　ein|kaufen

1) Um wie viel Uhr ＿＿＿＿＿＿＿＿ Sie jeden Morgen ＿＿＿＿＿＿？ —— Um halb sieben.

2) Dieser Supermarkt ist sehr groß. Ich ＿＿＿＿＿＿＿ oft da ＿＿＿＿＿＿.

3) Die Touristen ＿＿＿＿＿＿＿＿ in Köln ＿＿＿＿＿＿. Dann besichtigen sie den Dom.

4) Die Vorlesung von Professor Jäger ist interessant. Die Studenten ＿＿＿＿＿＿＿ ihm konzentriert ＿＿＿＿＿＿.

2. 適切な再帰代名詞を下線部に入れ、全文を和訳してみよう。

1) Das Mittagessen ist bald fertig. Vor dem Essen sollst du ＿＿＿＿＿＿ die Hände waschen.

2) Wofür interessiert ihr ＿＿＿＿＿＿？ —— Wir interessieren ＿＿＿＿＿＿ für Sport.

3) Christian kann ein Stipendium bekommen. Er freut ＿＿＿＿＿＿ über die Nachricht.

3. 適切な接続詞を選んで下線部に入れ、全文を和訳してみよう。

> weil　　aber　　und　　wenn　　dass　　denn

1) Ich muss mich beeilen, ＿＿＿＿＿＿＿＿ ich möchte den Bus nicht verpassen.

2) Erika fliegt nach Berlin, ＿＿＿＿＿＿＿＿ ihre Eltern dort wohnen.

3) ＿＿＿＿＿＿＿＿ das Wetter schön ist, machen wir am Wochenende einen Ausflug.

4) Ralf hofft, ＿＿＿＿＿＿＿＿ er bald ein Praktikum machen kann.

4. カッコ内の単語をすべて適切な形で用いて、ドイツ語にしてみよう。

1) きみはプラハ行きの列車がいつ出発するか知っていますか。
(der Zug / nach / wann / wissen / du / Prag / abfahren)

＿＿＿＿＿＿＿＿＿＿＿＿＿＿＿＿＿＿＿＿＿＿＿＿＿＿＿＿＿＿＿＿＿

2) 有給休暇は素敵ですが、いつも短すぎます。
(zu / sein(2) / kurz / aber / der Urlaub / er / schön / immer)

＿＿＿＿＿＿＿＿＿＿＿＿＿＿＿＿＿＿＿＿＿＿＿＿＿＿＿＿＿＿＿＿＿

Lektion 8

1. 次の（助）動詞の中から適切なものを選んで過去形にして下線部に入れ、全文を和訳してみよう。

> geben* haben* können* sein* wollen* teilen verbringen* müssen* fallen*

1) Wo _____ du gestern? — Ich _____ leider zu Hause bleiben.

2) _____ ihr am Wochenende Training? — Ja, wir _____ viel trainieren.

3) Als Kind _____ Jörg Pilot werden. Jetzt arbeitet er als Flugbegleiter bei der Lufthansa.

4) Die Berliner Mauer _____ die Stadt. Sie _____ 1989.

5) Früher _____ es hier ein Café. Als Student _____ ich da viel Zeit.

2. 次の動詞の中から適切なものを選んで現在完了形にして下線部に入れ、全文を和訳してみよう。

> fliegen*　studieren　machen　aufstehen*　essen*
> fahren*　schmecken　klingeln　teilnehmen*　kennenlernen

1) Die Japanerin _____ in Bonn _____ und dort ihren Mann _____.

2) Sara _____ gestern gegen elf _____. Der Wecker _____ nicht _____.

3) Was _____ du im September _____?
　　　　　　　　　　　 — Ich _____ mit dem Auto nach Frankreich _____.

4) Gestern Abend _____ wir da im Restaurant _____.
　　　　　　　　　　Das Essen _____ uns sehr gut _____.

5) Herr Ernst _____ nach Berlin _____.
　　　　　　　　　Dort _____ er an einer Konferenz _____.

3. カッコ内の単語をすべて適切な形で用いて、ドイツ語にしてみよう。

1. 昨日アンケは夕食後にレポートを書きました。(現在完了形で)

(ein Referat(n.) / schreiben / das Abendessen / nach / Anke / gestern / haben)

_____

2. 私はミュンヘンからのそのお土産がとても気に入りました。(現在完了形で)

(ich / gefallen + 3格 / sehr / aus / das Mitbringsel / haben / München / gut)

_____

Lektion 9

1. 次の形容詞の中から適切なものを選んで格変化させ、全文を和訳してみよう。

> schlecht neu ruhig frisch nett warm richtig

1) Gestern war es kalt. Heute haben wir aber einen _____ Tag.

2) Unsere _____ Nachbarin hilft uns immer. Ich will sie am Wochenende zum Mittagessen einladen.

3) Das Auto von Jens ist alt. Er möchte sich ein _____ Auto kaufen.

4) Die Unterkunft in diesem _____ Hotel ist die _____ Wahl.

5) Trotz _____ Wetters sind Paul und Karin mit dem Fahrrad ans Meer gefahren.

6) Man kann heute _____ Lebensmittel(*pl.*) online bestellen.

2. カッコ内の形容詞を適切に名詞化させて下線部に入れ、全文を和訳してみよう。

1) _____ hilft ehrenamtlich _____ in Afrika.
   (mein / bekannt → 男性名詞化、die/ arm → 複数名詞化)

2) _____ braucht dringend die Hilfe des Arztes. (die / krank → 女性名詞化)

3) In den Ferien habe ich in den USA mit _____ auf Deutsch gesprochen.
   (ein / deutsch → 男性名詞化)

4) Jedes Jahr kauft sich Frau Becker zum Geburtstag _____. (etwas / neu)

5) _____ gibt im Streit immer nach. (der / klug → 男性名詞化)

3. カッコ内の単語をすべて適切な形で用いて、ドイツ語にしてみよう。

1) その新聞にはそのひどい交通事故について何も新しいことは載っていません。
(nichts / stehen / die Zeitung / in / neu / der Verkehrsunfall / über / schwer)

_____

2) ヨーロッパでは第二次世界大戦は 1945 年 5 月 8 日に終わりました。（過去形で）
(enden / Europa / der Zweite Weltkrieg / an / der / acht / Mai / 1945 / in)

_____

Lektion 10

1. 次の形容詞・副詞を適切な形で下線部に入れ、全文を和訳してみよう。

| viel   schnell(2)   heiß   teuer   gern(2)   stark |

1) Ich trinke Cappuccino _____ als Tee, aber am _____ trinke ich Kakao.

2) Die braunen Schuhe hier sind so _____ wie die schwarzen da.

3) Wer ist der _____ Junge in der Klasse? — Michael läuft am _____ von uns.

4) Der Kaffee ist zu dünn. Ich möchte einen _____ Kaffee. (比較級で)

5) Peter verdient viel. Seine Frau verdient noch _____ als er.

6) In Japan ist es im Sommer sehr schwül. Der August ist der _____ Monat des Jahres.

2. b) の文を zu 不定詞句にして a) の文に結び、全文を和訳してみよう。

1)   a) Emma hat den Wunsch.   b) Sie verbessert ihre Englischkenntnisse.

_____

2)   a) Es ist wichtig. b) Man lernt veschiedene Kulturen kennen.

_____

3)   a) Ich hoffe. b) Ich sehe Sie und Ihre Familie bald wieder.

_____

4)   a) Hast du heute Abend Zeit? b) Du siehst zu Hause mit mir fern.

_____

5)   a) Der Arzt hat meinem Mann geraten. b) Er macht jeden Tag einen Spaziergang.

_____

3. カッコ内の単語をすべて適切な形で用いて、ドイツ語にしてみよう。

1) きみはフィットでいるためには、そんなにたくさん食べてはいけません。
(nicht / essen / du / um / sein / zu / so / dürfen / viel / fit)

_____

2) その子供たちは、私に尋ねることなく、そのケーキを食べました。(現在完了形で)
(der Kuchen / ich / fragen+ 4格 / zu / ohne / essen / haben / die Kinder(pl.))

_____

1. 受動文に書き換え、全文を和訳してみよう。

1) Meine Frau bucht das Hotel.

_____

2) Der Müll verschmutzt die Natur.

_____

3) Er empfiehlt seiner Freundin dieses Restaurant.

_____

4) Der Vater brachte seine Kinder in den Kindergarten.

_____

5) Unser Großvater hat die Firma gegründet.

_____

2. 受動文に書き換え、全文を和訳してみよう。

1) Die Krankenschwester hilft dem Arzt.

_____

2) Der Student antwortet auf die Frage.

_____

3) In der Geschichte kämpfte man oft für die Freiheit. (In der Geschichte を文頭に置いてください)

_____

3. 例にならって疑問文に状態受動で答え、全文を和訳してみよう。

例) Wann macht man Kaffee? — Der Kaffee ist schon gemacht.

1) Wann öffnet man die Bibliothek?

_____

2) Wann putzt man die Fenster(_pl._)?

_____

3) Wann reißt man das alte Gebäude ab?

_____

4. カッコ内の単語をすべて適切な形で用いて、ドイツ語にしてみよう。

1) その絵は誰によって描かれたのですか。(過去形で)

(malen / wer / werden / von / das Bild)

_____

2) ここでは駐車は禁止されています。(「ここでは」を文頭に置いてください)

(hier / sein / verbieten / das Parken)

_____

Lektion 12

1. 定関係代名詞を用いて b) の文を a) の文に結び、全文を和訳してみよう。

1) a) Der Wein schmeckt sehr gut.　b) Der Wein kommt aus Italien.

_____

2) a) Der Ausländer ist Japaner.　b) Er hat gestern im Flughafen dem Ausländer geholfen.

_____

3) a) Die Hausaufgaben sind nicht einfach.　b) Wir müssen heute die Hausaufgaben machen.

_____

4) a) Die Kollegin zieht bald nach Hamburg um.　b) Ich arbeite zusammen mit der Kollegin.

_____

5) a) Ist das die Ausstellung?　b) Du hast mir von der Ausstellung erzählt.

_____

2. 適切な不定関係代名詞を下線部に入れ、全文を和訳してみよう。

1) _____ du mir gesagt hast, ist für mich sehr wichtig.

2) _____ am Freitagabend Zeit hat, kann zu meiner Party kommen.

3) Das ist alles, _____ ich weiß.

3. 適切な指示代名詞を下線部に入れ、全文を和訳してみよう。

1) Wo ist mein Mantel? —— _____ liegt im Auto.

2) Meine Wohnung finde ich besser als _____ meines Freundes.

3) Hat er mit seinem Chef telefoniert? —— Nein, mit _____ Sekretärin.

4. カッコ内の単語をすべて適切な形で用いて、ドイツ語にしてみよう。
1) 私が生徒たちからもらった花はとても綺麗でした。
(die Blumen(pl.) / ich / schön / bekommen / haben / sehr / die / von / die Schüler (pl.) / sein)

_____

2) きみはそのスープをもう飲みましたか。—— いいえ。それを私は好きではありません。
(「それを」を文頭に置いてください)
(mögen / haben / die Suppe / ich / du / essen / nicht / nein / die / schon)

_____

Lektion 13

1. 間接話法に書き換えて、全文を和訳してみよう。

1) Silke sagt: „Ich bin jetzt müde und habe Durst."

Silke sagt, _____

2) Die Mutter sagte zu ihrem Sohn: „Du musst heute dein Zimmer aufräumen."

Die Mutter sagte ihrem Sohn, _____

3) Mein Vater schrieb: „Gestern war es in Berlin sehr kalt."

Mein Vater schrieb, _____

4) Der Student erklärt: „Ich habe das nicht gewusst."

Der Student erklärt, _____

5) Die Touristen fragten mich: „Können Sie uns den Weg zum Bahnhof zeigen?"

Die Touristen fragten mich, _____

2．例にならって非現実話法の文をつくり、全文を和訳してみよう。

例) Ich bin krank. Deshalb gehe ich heute nicht zur Uni.
   → Wenn ich nicht krank wäre, ginge ich heute zur Uni.

1) Der Zug ist nicht pünktlich. Deshalb kommt Herr Meier zu spät zum Vortrag.

_____

2) Der Zug war nicht pünktlich. Deshalb kam Herr Meier zu spät zum Vortrag.

_____

3) Wir haben kein Geld. Deshalb machen wir keine Reise nach Deutschland.

_____

4) Wir hatten kein Geld. Deshalb machten wir keine Reise nach Deutschland.

_____

5) Er lernt vor der Prüfung nicht viel.   Deshalb besteht er die Prüfung nicht.

_____

6) Er lernte nicht viel vor der Prüfung. Deshalb bestand er die Prüfung nicht.

_____

3. カッコ内の単語をすべて適切な形で用いて、ドイツ語にしてみよう。

1) 私がきみの立場なら、フランクフルトで働くでしょう。
(in / arbeiten / dein / Frankfurt / an / Stelle (f.) / werden / ich)

_____

2) もしもそのチームがもっとトレーニングしていたら、そのトーナメントに勝ったのに。
(die Mannschaft / mehr / das Turnier / wenn / haben(2) / trainieren / gewinnen / sie)

_____

Fragen zum Text

58

1. Welche Städte hat Shiho in den Sommerferien besucht?
2. Was hat Shiho in Freiburg kennengelernt?
3. Wo gibt es Windräder?
4. Seit wann fahren die Straßenbahnen in Freiburg mit erneuerbaren Energien?
5. Wann ist der Atomunfall in Tschernobyl geschehen?
6. Was hat Shiho in Freiburg bekommen?

フライブルクのヴォーバン地区

Partnerübung

59

┌─ **Beispiel** die Schweiz (*f.*) / Bergwanderungen machen / schön ─────
│ P1: Wo waren Sie im Sommer?   P2: Ich war in der Schweiz.
│ P1: Was haben Sie da gemacht? P2: Ich habe Bergwanderungen gemacht.
│ P1: Wie war das?   P2: Das war sehr schön!
└──────────────────────────────

1) die USA (*pl.*) / an einem Englischsprachkurs teilnehmen / interessant
2) Italien (*n.*) / als Reiseführer jobben / anstrengend
3) die Türkei (*f.*) / viel schwimmen / lustig

60

┌─ **過去完了形** ─────────────────────────────
│ 過去のある時点から見てすでに完了している事柄を表します。
│ 完了の助動詞 haben と sein を過去人称変化させます。
│ haben 支配：   Ich **hatte** schon zu Abend **gegessen**, als er kam.
│   彼が来たとき，私はすでに夕食を食べてしまっていました。
│ sein 支配：   Ich **war** schon **ausgegangen**, als er kam.
│   彼が来たとき，私はすでに外出してしまっていました。
└──────────────────────────────────────

Erneuerbare Energien（再生可能エネルギー）

再生可能エネルギーは，石油や石炭などの限りある化石燃料とは異なり，一度利用しても再生が可能で，資源が枯渇しないエネルギー，つまり太陽光，水力，風力，バイオマス，地熱などの環境を汚染しないエネルギーです。2011 年 3 月 11 日の福島原発事故を受けて，ドイツ政府は同年 5 月 30 日，震災発生時に稼働していた国内の原子力発電所 17 基すべてを 2022 年までに停止することを閣議決定しました。2020 年，ドイツの総発電量に占める再生可能エネルギーの割合は 45,4% で，その内訳は風力，太陽光，バイオマスという順でした。ちなみに，同年，日本の割合は 17,5% でした。今後ドイツは，再生可能エネルギーへの転換をさらに進め，エネルギーの自給自足をめざしていく方針です。そのドイツの未来を象徴するのがドイツ南西部バーデン・ヴュルテンベルク州に位置する人口 23 万人ほどのフライブルク市です。フライブルク市議会はすでに 1986 年，省エネと再生可能エネルギーを選択する道を取りました。2019 年，市は 2030 年までに CO_2 排出量を 60% 削減し，2050 年までにゼロにするという高い目標を表明しました。

Lektion 9　Schulreform（学校制度改革）

1.　形容詞の格変化

1）強変化：形容詞＋名詞（無冠詞の場合）

	男性 (m.) 良いコーヒー		女性 (f.) 良いミルク		中性 (n.) 良いビール		複数 (pl.) 良い飲み物	
1格	gut**er**	Kaffee	gut**e**	Milch	gut**es**	Bier	gut**e**	Getränke
2格	gut**en**	Kaffees	gut**er**	Milch	gut**en**	Bier(e)s	gut**er**	Getränke
3格	gut**em**	Kaffee	gut**er**	Milch	gut**em**	Bier	gut**en**	Getränken
4格	gut**en**	Kaffee	gut**e**	Milch	gut**es**	Bier	gut**e**	Getränke

2）弱変化：定冠詞［類］＋形容詞＋名詞

	男性 (m.) その白いコート		女性 (f.) その白いブラウス		中性 (n.) その白いシャツ		複数 (pl.) その白い靴	
1格	der	weiß**e** Mantel	die	weiß**e** Bluse	das	weiß**e** Hemd	die	weiß**en** Schuhe
2格	des	weiß**en** Mantels	der	weiß**en** Bluse	des	weiß**en** Hemd(e)s	der	weiß**en** Schuhe
3格	dem	weiß**en** Mantel	der	weiß**en** Bluse	dem	weiß**en** Hemd	den	weiß**en** Schuhen
4格	den	weiß**en** Mantel	die	weiß**e** Bluse	das	weiß**e** Hemd	die	weiß**en** Schuhe

3）混合変化：不定冠詞［類］＋形容詞＋名詞

	男性 (m.) ひとつの新しい机		女性 (f.) ひとつの新しい時計		中性 (n.) ひとつの新しいベット		複数 (pl.) 私たちの新しい部屋	
1格	ein	neu**er** Tisch	eine	neu**e** Uhr	ein	neu**es** Bett	unsere	neu**en** Zimmer
2格	eines	neu**en** Tisch(e)s	einer	neu**en** Uhr	eines	neu**en** Bett(e)s	unserer	neu**en** Zimmer
3格	einem	neu**en** Tisch	einer	neu**en** Uhr	einem	neu**en** Bett	unseren	neu**en** Zimmern
4格	einen	neu**en** Tisch	eine	neu**e** Uhr	ein	neu**es** Bett	unsere	neu**en** Zimmer

2.　形容詞の名詞化　男性・女性・複数は人を，中性は物や事を表します。

	男性 (m.) その老人（男）		女性 (f.) その老人（女）		複数 (pl.) その老人たち		中性 (n.) その古い物・事		何か古い物・事	
1格	der	Alte	die	Alte	die	Alten	das	Alte	etwas	Altes
2格	des	Alten	der	Alten	der	Alten	des	Alten	──	
3格	dem	Alten	der	Alten	den	Alten	dem	Alten	etwas	Altem
4格	den	Alten	die	Alte	die	Alten	das	Alte	etwas	Altes
	ひとりの老人（男）		ひとりの老人（女）		老人たち		ひとつの古い物・事		何も古い物・事はない	
1格	ein	Alter	eine	Alte		Alte	ein	Altes	nichts	Altes
2格	eines	Alten	einer	Alten		Alter	eines	Alten	──	
3格	einem	Alten	einer	Alten		Alten	einem	Alten	nichts	Altem
4格	einen	Alten	eine	Alte		Alte	ein	Altes	nichts	Altes

♪
61

1. 例にならい質問に答えて，全文を和訳してみよう。

　例　Welchen Mantel kaufen Sie? (grau) — Ich kaufe den grauen Mantel hier.

　1) Welche Jacke kaufst du? (blau)

　2) Welches Kleid kauft Nina? (rot)

　3) Welcher Pullover gefällt dir? (grün)

　4) Welche Handschuhe (*pl.*) gefallen Ihrem Mann? (schwarz)

2. 例にならい質問に答えて，全文を和訳してみよう。

　例　Was für einen* Tisch brauchen Sie? (groß) — Ich brauche einen großen Tisch.

　1) Was für ein Sofa braucht Herr Belz? (bequem)

　2) Was für eine Lampe suchst du? (schick)

　3) Was für einen Schrank braucht Frau König? (praktisch)

　4) Was für Möbel (*pl.*) sucht ihr? (schön)

---
　* was für ein...?「どんな種類の～?」für の後の名詞の格は，前置詞 für とは無関係に文中の
　役割によって決まります。複数名詞や物質名詞の前では ein はつけません。
---

3. 例にならい質問に答えて，全文を和訳してみよう。

　例　Wen hast du da gesehen? (ein Alter) — Ich habe da einen Alten gesehen.

　1) Wem gehört die Tasche? (die Kleine)

　2) Wer hat Sie angesprochen? (ein Fremder)

　3) Wer braucht deine Hilfe? (die Neue)

　4) Mit wem hast du gesprochen? (die Deutschen (*pl.*))

4. 例にならい質問に答えて，全文を和訳してみよう。

　例　Hast du heute etwas Besonderes gemacht?
　　　— Nein, ich habe heute nichts Besonderes gemacht.

　1) Haben Sie heute etwas Interessantes gelesen?

　2) Habt ihr heute etwas Leckeres gegessen?

　3) Hat er heute etwas Gutes getan?

　4) Hast du heute etwas Neues entdeckt?

♪ 62

A: Shiho　B: Frau Lange

基礎学校の生徒

A: Ach, der Herbst ist schon da! Die Blätter sind schön bunt.

B: Ja, die Luft ist frisch und kühl!

A: Jetzt hat das neue Schuljahr begonnen. Im September habe ich zum ersten Mal kleine Kinder mit ihrer Schultüte[1] gesehen. Was ist darin?

B: Süßigkeiten und kleine Geschenke. Gibt es in Japan diese Sitte nicht?

A: Nein, leider nicht. Die deutschen Kinder sehen am ersten Schultag wirklich froh aus!

B: Aber das deutsche Schulsystem hat jetzt viele Probleme. In Deutschland gibt es 16 Bundesländer. Das Schulsystem ist also je nach Bundesland unterschiedlich. Seit dem PISA-Schock 2001[2] hat jedes Bundesland viele Schulreformen erlebt. Der Reformprozess verläuft aber nicht in allen Bundesländern gleich.

A: Hm...kompliziert.

B: Wie Sie wissen, gab es früher in Deutschland drei Schultypen, nämlich die Hauptschule, die Realschule und das Gymnasium[3]. Die meisten Bundesländer haben aber die Hauptschule abgeschafft und ein zweigliedriges Schulsystem eingeführt. Neben dem Gymnasium existiert also eine weitere Schulform. Sie lässt Wege zu allen Abschlüssen offen, das heißt, zum Hauptschulabschluss, zum mittleren Schulabschluss und zum Abitur[4]. Dieses sogenannte Zwei-Säulen-Modell[5] reduziert einigermaßen die soziale Ungleichheit.

A: Funktioniert das gut?

B: Ja. Wie ich Ihnen gesagt habe, hat jedes Bundesland sein eigenes Schulsystem. Es gibt z.B. in Nordrhein-Westfalen noch ein dreigliedriges System. Eine Freundin von mir lebt da. Die Grundschule dauert vier Jahre. Dann muss man sich für den nächsten Schultyp entscheiden. Das ist aber zu früh! Meine Freundin hat lange gegrübelt, wohin sie ihr Kind schicken soll. Sie will das dreigliedrige Schulsystem umgehen und ihre Tochter auf die Gesamtschule[6] schicken. Ihre Tochter kann in der Gesamtschule das Abitur machen, wenn sie will. Ihr stehen aber auch andere Wege offen.

A: Das ist eine gute Lösung!

B: Genau. Kinder brauchen Zeit, damit sie ihre Fähigkeiten entwickeln können.

---

1) die Schultüte「入学袋」新1年生が入学式でもつ円錐の入れ物。

2) der PISA-Schock 2001「2001 年の PISA ショック」2000 年に OECD（経済協力開発機構）が 15 歳の生徒を対象に行った国際学力テストで，ドイツは OECD 平均を大きく下回った。2001 年に公表されたその結果は国民に大きな衝撃を与えた。

3) die Hauptschule「基幹学校」。die Realschule「実科学校」。das Gymnasium「ギムナジウム」。

4) der Hauptschulabschluss「基幹学校卒業」。der mittlere Schulabschluss「実科学校卒業」。das Abitur「高校卒業（大学入学資格）試験」。

5) das Zwei-Säulen-Modell「二分枝型モデル」

6) die Gesamtschule「総合学校」

Fragen zum Text

♪ 63

1. Was hat Shiho zum ersten Mal gesehen?
2. Wie sehen die deutschen Kinder am ersten Schultag aus?
3. Seit wann reformiert man in Deutschland das Schulsystem?
4. Verläuft die Schulreform in jedem Bundesland gleich?
5. Welche Schulreform schwächt die soziale Ungleichheit ab?
6. In welche Schule wird die Freundin von Frau Lange ihre Tochter schicken?

ギムナジウムの生徒たち

Partnerübung

♪ 64

Beispiel   trinken / belgisch / Bier (*n.*)
P1: Ich trinke gern belgisches Bier.
P2: Welches belgische Bier kannst du mir empfehlen?
P1: Ich empfehle dir dieses belgische Bier!

1) trinken / französisch / Wein (*m.*)   2) essen / deutsch / Schokolade (*f.*)

3) essen / griechisch / Oliven (*pl.*)

♪ 65

序数詞

1 から 19 までは基数詞に語尾 **-t** をつけ，20 以上は語尾 **-st** をつけます。

1. **erst**   2. zwei**t**   3. **dritt**   4. vier**t**   5. fünf**t**   6. sechs**t**   7. **siebt**   8. **acht**

9. neun**t**   10. zehn**t**   11. elf**t**   12. zwölf**t**   13. dreizehn**t**   19. neunzehn**t**

20. zwanzig**st**   21. einundzwanzig**st**   30. dreißig**st**   100. hundert**st**

Ich höre gern die 17. (siebzehn*te*) Klaviersonate von Beethoven.
　私はベートーベンのピアノソナタ第 17 番を聞くのが好きです。

Der Wievielt*e* ist heute? / Den Wievielt*en* haben wir heute?　今日は何日ですか。

Heute ist der 10. (zehn*te*) Oktober. / Heute haben wir den 10. (zehn*ten*) Oktober.
　今日は 10 月 10 日です。

Ich bin am 6. (sechst*en*) Juni 2005 in Tokyo geboren.　私は 2005 年 6 月 6 日に東京で生まれました。

Schulreform（学校制度改革）

ドイツは長らく三分岐型学校制度をとってきました。三分岐型学校制度とは，日本の小学校に相当する Grundschule（基礎学校）在学中の 10 歳の時点で，Hauptschule（基幹学校），Realschule（実科学校），Gymnasium（ギムナジウム）の中から進路を選択するシステムです。ギムナジウムに進学できるかどうかは基礎学校の成績によって決まります。ギムナジウムの最終学年で，Abitur（高校卒業試験）に合格すると，大学入学資格を取得できます。特に 2001 年の PISA ショック後，ドイツの各連邦州では，わずか 10 歳で早期選別を行うこの学校制度の改革を行ってきました。たとえば，基幹学校を廃止して，基幹学校と実科学校を統合した学校タイプ（その名称は州によって異なります）を設置したり，半日だけで授業が終了する半日学校の代わりに，午後もカリキュラムが組まれる全日学校を導入しています。教育の平等，機会の均等，そして各生徒の能力の向上をめざす学校制度が模索され続けています。

Lektion 10　Zuwanderer（移民）

Grammatik

1.　形容詞・副詞の比較変化

1）形容詞・副詞の比較級・最上級のつくりかた

原級	klein 小さい	alt 年とった	groß 大きい	gut 良い	hoch 高い	nah 近い	viel 多い	gern 好んで
比較級 -er	klein**er**	**älter**[1]	größer	**besser**	**höher**	näher	**mehr**	lieber
最上級 -st	klein**st**	**ältest**[2]	**größt**	best	höchst	**nächst**	meist	**am liebsten**

[1] 幹母音 a, o, u をもつ１音節の形容詞・副詞の多くは変音します。

[2] d, t, s, ß, sch, z などで終わる形容詞は，最上級で口調上の e を入れ，語尾が -est となります。

2）形容詞の比較の用法

① **so** + 原級 + **wie**：Er ist **so** *alt* **wie** ich.　彼は私と同じ年です。

② 比較級 + **als**：Er ist *älter* **als** ich.　彼は私より年上です。

③ **der / die / das** + 最上級 + **e**，**am** + 最上級 + **en**：

　　a）あるものを他の同類のものと比較するとき：ここの庭は日本でいちばん美しいです。

　　Der Garten hier ist **der** *schönst***e** in Japan./ Der Garten hier ist **am** *schönst***en** in Japan.

　　b）ある同一のものをさまざまな条件下で比較するとき：その庭は冬にはいちばん美しいです。

　　Der Garten ist im Winter **am** *schönst***en**.

▷ 付加語的用法では，比較級・最上級に，原級と同じ変化語尾をつけます。

Ich brauche ein *größer***es** Zimmer.　　　　私はもっと大きな部屋を必要としています。

Berlin ist die *größt***e** Stadt in Deutschland.　ベルリンはドイツでもっとも大きな都市です。

3）副詞の比較の用法

Ich trinke **lieber** Wein als Bier. Ich trinke aber **am liebsten** Champagner.

私はビールよりワインを飲むほうが好きです。でもシャンパンを飲むのが一番好きです。

2.　zu 不定詞句

1）zu 不定詞（句）のつくりかた

① zu 不定詞　　besuchen → **zu besuchen** (*to visit*)，einladen → **einzuladen** (*to invite*)

② zu 不定詞句　heute meinen Freund **zu besuchen** (*to visit my friend today*)

　　　　　　　meine Freunde zur Party **einzuladen** (*to invite my friends to the party*)

2）zu 不定詞句の用法

① 主語として　　　　**Deutsch fließend zu sprechen** ist schwer. (**Es** ist schwer,
Deutsch fließend zu sprechen.)　ドイツ語を流暢に話すことは難しいです。

② 目的語として　　　Ich habe vor, **in Deutschland zu studieren**.
　　　　　　　　　　私はドイツに留学することを予定しています。

③ 名詞の付加語として　Ich habe heute keine Zeit, **Sie anzurufen**.
　　　　　　　　　　私は今日あなたにお電話する時間がありません。

3）① um...zu 不定詞「～するために」，② ohne...zu 不定詞「～することなしに」

　　③ statt...zu 不定詞「～するかわりに」

Übungen

1. 例にならい質問に答えて，全文を和訳してみよう。

   例 Ist Köln größer als München? (klein) — Nein, Köln ist kleiner als München.

  1) Ist der Rhein länger als die Donau? (kurz)

  2) Ist der Apfelsaft teurer* als der Orangensaft? (billig)

  3) Isst Eva mehr als du? (wenig)

  4) Regnet es in Bonn öfter als in Hamburg? (selten)

   * -er, -el で終わる形容詞は，比較級でその e を省くことがあります。→ teu(e)rer

2. 例にならい質問に答えて，全文を和訳してみよう。

   例 Ist Günter der fleißigste Schüler in der Klasse? — Ja, er ist am fleißigsten.

  1) Ist der Fuji der höchste Berg in Japan?

  2) Ist Ingrid die jüngste Schülerin von* euch allen?

  3) Ist das Wörterbuch hier das beste?

  4) Ist der Stuhl der bequemste bei Ihnen?

   *「～のなかで」は，von + 3 格あるいは unter + 3 格で表します。

3. 例にならい質問に答えて，全文を和訳してみよう。

   例 Was hast du in den Ferien vor? (als Dolmetscher jobben)
       — Ich habe vor, als Dolmetscher zu jobben.

  1) Was haben Sie in den Winterferien vor? (in Hokkaido Ski fahren)

  2) Was habt ihr am Wochenende vor? (unsere Tante in München besuchen)

  3) Was hat Mia am Sonntag vor? (mit Daniel ins Kino gehen)

  4) Was hat Herr Suzuki im Urlaub vor? (an einem Sprachkurs teilnehmen)

4. 例にならい質問に答えて，全文を和訳してみよう。

   例 Warum gehst du zur Bibliothek? (Bücher zurückgeben)
       — Um Bücher zurückzugeben.

  1) Warum geht Volker zum Supermarkt? (Lebensmittel einkaufen)

  2) Warum geht Frau Koch zur Bank? (Geld wechseln)

  3) Warum fährt Tina zum Flughafen? (ihre Eltern abholen)

  4) Warum fahren Sie zur Universität? (Professor Blumenberg besuchen)

♪
69

A: Shiho　B: Thomas

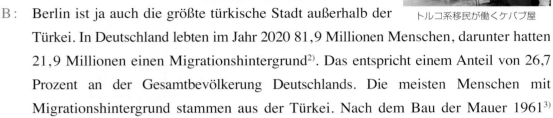

トルコ系移民が働くケバブ屋

B: Was hast du am Wochenende gemacht, Shiho?

A: Ich bin mit meiner türkischen Freundin durch Kreuzberg[1] gebummelt. Dort herrscht eine ganz besondere Atmosphäre.

B: Berlin ist ja auch die größte türkische Stadt außerhalb der Türkei. In Deutschland lebten im Jahr 2020 81,9 Millionen Menschen, darunter hatten 21,9 Millionen einen Migrationshintergrund[2]. Das entspricht einem Anteil von 26,7 Prozent an der Gesamtbevölkerung Deutschlands. Die meisten Menschen mit Migrationshintergrund stammen aus der Türkei. Nach dem Bau der Mauer 1961[3] kamen viele Türken als Gastarbeiter nach Westdeutschland.

ジェム・オズデミル
トルコ系移民出身者で初のドイツ
連邦議会議員

A: Fast alle Türken sind moslemisch. Leben Moslems und Deutsche gut zusammen, also ohne allzu viele Probleme zu haben?

B: Die Mehrheit von den Menschen mit Migrationshintergrund, nämlich 11,5 Millionen, hat die deutsche Staatsangehörigkeit und 10,3 Millionen sind keine deutschen Staatsbürger. Im Alltagsleben begegnen türkischstämmige[4] Deutsche trotzdem vielen Vorurteilen. Sie entstehen durch Unkenntnis und geringe Aufgeschlossenheit auf beiden Seiten. Einerseits erscheinen die Sitten von Moslems vielen Deutschen fremd, z.B. das Kopftuch[5]. Andererseits haben nicht wenige Türken keinen Kontakt mit Deutschen, weil sie nicht gut Deutsch sprechen können. In einigen Großstädten gibt es sogenannte türkische Stadtteile. Dort wohnen und arbeiten hauptsächlich Türken und sprechen nur ihre Sprache.

A: Es gibt aber auch glückliche Fälle der Integration. Ich kenne an der Uni einige Studenten mit türkischem Migrationshintergrund. Sie sind zufrieden mit ihrem Leben. Im Bundestag sitzen zudem 18 türkischstämmige Abgeordnete. Es ist auf beiden Seiten nötig, sich[6] besser kennenzulernen. Die Multikulti-Gesellschaft[7] zu verwirklichen ist heute eine wichtige Aufgabe für uns.

B: Ich bin ganz deiner Meinung. Jetzt kommt Professor Behring. Hören wir ihm zu!

---

1) 「クロイツベルク」ベルリンの市区名。トルコ出身の移民が多く住んでいる。

2) der Migrationshintergrund「移民の背景」。移民の背景をもつ人々とは，両親あるいはいずれかの親が出生時にドイツ国籍を保有していない場合をいう。

3) 1961 年 8 月 13 日，東ドイツ政府は東ドイツから西ドイツへの人口流出を防ぐためにベルリンの壁を構築した。

4) türkischstämmig「トルコ出身の」

5) das Kopftuch「スカーフ」。イスラム女性が外出時に着用するスカーフのこと。

6) sich「相互に」ここで再帰代名詞は相互代名詞の意味で用いられている。

7) die Multikulti-Gesellschaft「多文化社会」

Fragen zum Text

1. Was hat Shiho am Wochenende gemacht?
2. Woher kommen die meisten Menschen mit Migrationshintergrund?
3. Gibt es in Deutschland gegenüber türkischstämmigen Menschen Vorurteile?
4. Warum entstehen Vorurteile?
5. Was ist nötig, um Vorurteile abzubauen?
6. Was ist unsere Aufgabe in der heutigen Welt?

Partnerübung

> **Beispiel**   was / essen / Steak / guter Wein (*m.*)
>
> P1: Was isst du am liebsten?   P2: Ich esse am liebsten Steak.
> P1: Hast du dann keine Lust, am Wochenende bei uns Steak zu essen?
> P2: Doch, ich komme gerne. Ich bringe auch guten Wein mit.

1) was / trinken / Wein / frischer Käse (*m.*)
2) was für Musik / hören / Jazz / feine Kekse (*pl.*)
3) was für Filme (*pl.*) / sehen / Krimis (*pl.*) / leckere Chips (*pl.*)

> **宗教**
>
> | | | | |
> |---|---|---|---|
> | Christentum | Christ(en) | christlich | キリスト教 |
> | | Katholik(en) | katholisch | カトリック |
> | | Protestant(en) | protestantisch / evangelisch | 新教（プロテスタント） |
> | Islam | Moslem(s) | islamisch / moslemisch | イスラム教 |
> | | Muslim(e) | muslimisch | |
> | Buddhismus | Buddhist(en) | buddhistisch | 仏教 |
> | Hinduismus | Hindu(s) | hinduistisch | ヒンズー教 |
> | Judentum | Jude(n) | jüdisch | ユダヤ教 |
> | | | konfessionslos | 無宗派 |

Zuwanderer（移民）

2020 年，ドイツにおける「移民の背景」をもつ人々の数は 2190 万人で，これは全人口の 26,7% でした。その出身国のトップはトルコ（約 275 万人），以下，ポーランド（約 205 万人），ロシア（約 122 万人），カザフスタン（約 113 万人），シリア（約 110 万人）となっています。ドイツ政府は自国を「移民国家」と定義しています。ドイツの出生率は 1,61（2020 年統計）と世界的に見ても低いため，2030 年には 610～780 万人の労働力が不足する可能性があると言われています。 国籍法の改正，移民・統合政策，多文化社会の実現などにより，優秀な移民を労働力として確保していくことがドイツ社会の緊急の課題になっています。その一方で，未熟な労働者は移民の対象とはならない，イスラムはドイツに属さないなどを基本綱領としている極右政党 AfD（ドイツのための選択肢）が主として旧東ドイツの州議会で議席を伸ばしています。

Lektion 11　Vergangenheitsbewältigung（過去の克服）

Grammatik

1.　動作受動

werden を助動詞とし，過去分詞を文末に置きます。

1）受動文のつくりかた

能動文：<u>Der Lehrer</u> lobt <u>den Schüler</u>.　　　　その教師はその生徒をほめます。
　　　　　m. 1格　　　　　　*m.* 4格

受動文：<u>Der Schüler</u> **wird** von[1] <u>dem Lehrer</u> **gelobt**.　その生徒はその教師にほめられます。
　　　　　m. 1格　　　　　　　*m.* 3格

◆ 能動文の4格目的語が受動文の1格主語となります。

　[1] 原則として，行為者は **von＋3格**，原因・手段は **durch＋4格** で表します。

2）受動の時称

> 現　　在：Der Schüler **wird**　 von dem Lehrer **gelobt**.
> 過　　去：Der Schüler **wurde** von dem Lehrer **gelobt**.
> 現在完了：Der Schüler **ist**[1]　 von dem Lehrer **gelobt worden**[2].

　[1] 完了の助動詞は sein です。
　[2] 受動の助動詞として用いられた werden の過去分詞は，前綴り ge- のつかない worden です。

3）自動詞の受動

自動詞の受動文では，es を形式上の主語にします。この es は文頭以外では省略されます。

能動文：Man fährt in Deutschland rechts.　　ドイツでは車は右側を走ります。

受動文：**Es wird** in Deutschland rechts **gefahren**.
　　　　In Deutschland **wird** rechts **gefahren**.

2.　状態受動

werden の代わりに sein を用いると，「～されている」という状態受動になります。

動作受動：Das Restaurant **wird** um 23 Uhr **geschlossen**.　そのレストランは23時に閉められます。

状態受動：Das Restaurant **ist** sonntags **geschlossen**.　　　そのレストランは日曜日には閉まっています。

3.　現在分詞・過去分詞の用法

	現在分詞：不定詞＋d「～している」	過去分詞：他動詞「～された」（受動） 自動詞「～した」（完了）
付加語的	das **weinend**e Kind その泣いている子供	die **renoviert**e Kirche その修復された教会 der **angekommen**e Zug その到着した列車
名詞化	der **Demonstrierend**e そのデモをしている男性	der **Kritisiert**e その批判された男性
副詞的	Das Kind geht **weinend** nach Hause. その子供は泣きながら家へ帰ります。	Der Mann geht **erschöpft** nach Hause. その男性は疲れ果てて家へ帰ります。

46

Übungen

1. 例にならい質問に答えて，全文を和訳してみよう。

    例   Putzt dein Vater das Fenster?

        — Ja, das Fenster wird von ihm geputzt.

    1) Kauft deine Mutter das Brot?

    2) Grillt dein Mann die Würste?

    3) Lädt der Chef uns zur Party ein?

    4) Bringen die Gäste die Geschenke mit?

2. 例にならい質問に答えて，全文を和訳してみよう。

    例   Tötete der Terrorist den Politiker?

        — Ja, der Politiker wurde von dem Terroristen getötet.

        Hat die Mauer Berlin geteilt?

        — Ja, Berlin ist durch die Mauer geteilt worden.

    1) Rettete der gute Arzt das Kind?

    2) Zerstörte das Erdbeben die schöne Stadt?

    3) Hat er seinem Sohn das neue Smartphone geschenkt?

    4) Hat ein glücklicher Zufall den Unfall verhindert?

3. 例にならい質問に答えて，全文を和訳してみよう。

    例   Frühstückt man bald? — Ja, es wird bald gefrühstückt.

    1) Hilft man ihm bei der Arbeit?

    2) Tanzt man heute Abend?

    3) Redet man über unseren Vorschlag?

    4) Arbeitet man hier auch am Sonntag?

4. 例にならい質問に答えて，全文を和訳してみよう。

    例   Wann bäckst du den Kuchen? — Der Kuchen ist schon gebacken.

    1) Wann wäschst du das Hemd?

    2) Wann räumst du das Zimmer auf?

    3) Wann spülst du das Geschirr?

    4) Wann kochst du das Mittagessen?

♪
77

A: Thomas　B: Shiho　C: Marie

A: Shiho, was liest du da? Ist das ein japanisches Buch?

B: Ja. Das ist ein Buch über die Vergangenheitsbewältigung[1] in Deutschland. Es wurde von einem japanischen Historiker geschrieben und in Japan veröffentlicht.

A: Die Vergangenheitsbewältigung ist für uns Deutsche auch heute noch ein sehr großes Thema. In der Schule wird z.B. über die Verbrechen der Nazis ausführlich diskutiert. Im Rahmen des Geschichtsunterrichts haben wir auch ein ehemaliges Konzentrationslager besucht. Das war für mich ein Schock!

C: Auch für ein Land wie Polen ist das Thema sehr wichtig. Heute Abend läuft im Fernsehen eine Sendung über Willy Brandt[2]. Angesichts des Ukraine-Kriegs[3] wird heute oft an Willy Brandts Ost- und Entspannungspolitik[4] erinnert. Aus diesem Anlass wurde die Sendung produziert.

ワルシャワのユダヤ人犠牲者追悼碑の前に跪くブラント首相

A: Durch seine Ostpolitik wurde Deutschlands Beziehung zu den osteuropäischen Ländern viel besser. Im Dezember 1970 besuchte er als Bundeskanzler Warschau und fiel vor dem Denkmal des jüdischen Ghettos auf die Knie[5]. Seitdem ist die Beziehung zwischen Polen und Deutschland besser geworden.

C: Deutsche und polnische Historiker haben dann auch gemeinsam Geschichtslehrbücher geschrieben.

B: In Japan ist der ehemalige Bundespräsident Richard von Weizsäcker[6] weithin bekannt. In seiner Rede vom 8. Mai 1985[7] sprach er von der Verantwortung der Deutschen für ihre eigene Vergangenheit. Nur mit einer korrekten Haltung gegenüber der Geschichte kann man die Zukunft gestalten.

リヒャルト・フォン・ヴァイツゼッカー

A: Stimmt. In einem Online-Artikel habe ich gelesen, dass japanische Minister immer wieder den Yasukuni-Schrein besuchen und damit regelmäßig große Verärgerung in China und Südkorea erregen.

B: Japan und China können sich leider nicht so leicht versöhnen wie Deutschland und Polen.

---

1) die Vergangenheitsbewältigung「過去の克服」
2) ヴィリー・ブラント (1913 年–1992 年)。1969 年から 74 年まで西ドイツ第 4 代首相。
3) der Ukraine-Krieg「ウクライナ戦争」。2022 年 2 月 24 日, ロシアはウクライナへ軍事侵攻を開始した。
4) die Ost- und Entspannungspolitik「東方・緊張緩和政策」
5) auf die Knie fallen「跪く」
6) リヒャルト・フォン・ヴァイツゼッカー (1920 年–2015 年)。1984 年から 94 年まで第 6 代連邦大統領。
7) seine Rede vom 8. Mai 1985　ヴァイツゼッカー大統領がドイツ連邦議会で行った戦後 40 周年記念演説。

Fragen zum Text

1. Von wem wurde das Buch über die Vergangenheitsbewältigung in Deutschland geschrieben?
2. Was hat Thomas im Rahmen des Geschichtsunterrichts besucht?
3. Was wird heute Abend im Fernsehen gezeigt?
4. Was hat Willy Brandt in Warschau gemacht?
5. Was ist von deutschen und polnischen Historikern geschrieben worden?
6. Wovon sprach Richard von Weizsäcker in seiner Rede?

Partnerübung

♪
79

> **Beispiel** wir / ein Auto mieten / unser Auto / gerade reparieren
>
> P1: Wir machen eine Reise.   P2: Warum mietet ihr ein Auto?
> P1: Weil unser Auto gerade repariert wird.

1) ich / in einem Hotel wohnen / mein Ferienhaus / gerade umbauen
2) Herr Neumann / viel Geld haben / er / gut bezahlen
3) Sophie / bald von der Reise zurückkommen / ihre Mutter / operieren

> **ドイツ連邦共和国の歴代首相**
>
> 1. Konrad Adenauer (CDU) 1949–1963
> 2. Ludwig Erhard (CDU) 1963–1966
> 3. Kurt Georg Kiesinger (CDU) 1966–1969
> 4. Willy Brandt (SPD) 1969–1974
> 5. Helmut Schmidt (SPD) 1974–1982
> 6. Helmut Kohl (CDU) 1982–1998
> 7. Gerhard Schröder (SPD) 1998–2005
> 8. Angela Merkel (CDU) 2005–2021
> 9. Olaf Scholz (SPD) 2021–

Vergangenheitsbewältigung（過去の克服）

ドイツは戦後，ナチス時代の「負の遺産」とさまざまに取り組んできました。この「過去の克服」は，西ドイツ外交においても大きな課題でした。1969 年首相となったヴィリー・ブラント（SPD）は，「新東方政策」と呼ばれる外交政策により，東西関係の正常化を推進しました。その政策はソビエトとの武力不行使条約（1970 年），ポーランドとの相互関係正常化基本条約（1970 年），そして東ドイツとの両ドイツ基本条約（1972 年）の締結として結実しました。特に 1970 年 12 月条約締結のためにワルシャワを訪れたブラントは，ゲットー跡地に立つユダヤ人犠牲者追悼碑の前に跪き，その姿は「過去の克服」への取り組みを象徴するものとなりました（ブラントは翌年ノーベル平和賞を受賞）。また，第二次大戦終戦 40 周年記念式典でリヒャルト・フォン・ヴァイツゼッカー西ドイツ大統領（CDU）が行った演説は，「過去に目を閉ざすものは現在にも盲目になる」という有名な言葉で知られています。戦後 70 年以上が経つ現在，日本と東アジア近隣諸国との関係，とりわけ日中関係は，ドイツでも注目を集めています。

Lektion 12　Wahlen（選挙）

1.　定関係代名詞・指示代名詞と不定関係代名詞の格変化

	定関係代名詞・指示代名詞				不定関係代名詞	
	男性 (*m.*)	女性 (*f.*)	中性 (*n.*)	複数 (*pl.*)	～する人	～する物（事）
1格	der	die	das	die	wer	was
2格	**dessen**	**deren**	**dessen**	**deren**	wessen	—
3格	dem	der	dem	**denen**	wem	—
4格	den	die	das	die	wen	was

2.　定関係代名詞の用法

1) 関係代名詞の性・数は先行詞と一致し，格は関係文中の役割によって決まります。

2) 関係文は副文となり，定動詞を文末に置きます。主文と関係文はコンマで区切ります。

1格　Der Student, **der** dort *winkt*, ist mein Freund.　あそこで手を振っている学生は私の友人です。

2格　Der Student, **dessen** Vater ein berühmter Politiker *ist*, ist mein Freund.
　　　父親が有名な政治家であるその学生は私の友人です。

3格　Der Student, **dem** du jetzt eine Mail schicken *willst*, ist mein Freund.
　　　きみが今メールを送ろうとしている学生は私の友人です。

4格　Der Student, **den** ich gerade gegrüßt *habe*, ist mein Freund.
　　　たった今私が挨拶した学生は私の友人です。

▷ Der Student, **mit dem** ich gerade gesprochen *habe*, ist mein Freund.
　　　たった今私が話していた学生は私の友人です。　（前置詞＋関係代名詞の順）

3.　不定関係代名詞 wer と was の用法

1) 不定関係代名詞 wer（関係文）＋男性の指示代名詞（主文）（ただし，wer – der の対応では，der は省略可能）:「～する人は誰でも」

Wer den ganzen Tag fleißig *arbeitet*, [**der**] kann nachts gut schlafen.
　　一日中勤勉に働く者は，夜には良く眠ることができます。

2) 不定関係代名詞 was（関係文）＋中性の指示代名詞（主文）（ただし，was – das の対応では，das は省略可能）:「～する物（事）は何でも」

Was teuer *ist*, [**das**] ist nicht immer gut.　高価な物が，いつも良いとは限りません。

4.　指示代名詞の用法

1) Kennen Sie Herrn Wagner?　—　Ja, **den** kenne ich gut.（人称代名詞の代用・強調）
　　あなたはヴァーグナーさんをご存知ですか。はい，彼のことなら良く知っています。

2) Er fotografiert den Politiker und **dessen** Frau.（近接指示）
　　彼はその政治家とその妻の写真を撮ります。

3) Sein Werk ist besser als **das** seines Sohn[e]s.（同語反復を避ける）
　　彼の作品は彼の息子の作品よりも優れています。

Übungen

1. 例にならい質問に答えて，全文を和訳してみよう。

   例   Da sitzt ein Junge. Kennen Sie ihn? (Tobias)

       — Ja, der Junge, der da sitzt, ist Tobias.

   1) Da steht ein Mädchen. Kennen Sie es? (Gisela)

   2) Da tanzt eine Frau. Kennen Sie sie? (Frau Metz)

   3) Da raucht ein Mann. Kennen Sie ihn? (Herr Clement)

   4) Da spielen Kinder. Kennen Sie sie? (Philipp und Oliver)

2. 例にならい質問に答えて，全文を和訳してみよう。

   例   Du hast gestern einen Österreicher besucht. Wie heißt er? (Pantzer)

       — Der Österreicher, den ich gestern besucht habe, heißt Pantzer.

   1) Du hast gestern einen Japaner kennengelernt. Wie heißt er? (Yamada)

   2) Du hast gestern eine Amerikanerin angerufen. Wie heißt sie? (Weber)

   3) Du hast gestern einem Deutschen eine E-Mail geschrieben. Wie heißt er? (Hoffmann)

   4) Du hast gestern einer Französin ein Paket geschickt. Wie heißt sie? (Bernard)

3. 例にならい質問に答えて，全文を和訳してみよう。

   例   Sie übernachten heute in einem neuen Hotel. Ist das das Hotel?

       — Ja, das ist das Hotel, in dem ich heute übernachte.

   1) Herr Scherer arbeitet jetzt bei einer japanischen Firma. Ist das die Firma?

   2) Sie essen heute Abend in einem berühmten Restaurant. Ist das das Restaurant?

   3) Frau Schulz arbeitet jetzt unter einem neuen Chef. Ist das der Chef?

   4) Du spielst jeden Tag mit einem netten Kollegen Fußball. Ist das der Kollege?

4. 例にならい質問に答えて，全文を和訳してみよう。

   例   Kennst du Frau Jensen gut? — Ja, die kenne ich gut.

   1) Gefällt dir der Rock gut?

   2) Schmeckt dir die Suppe gut?

   3) Hilfst du deinem Vater oft?

   4) Siehst du Herrn und Frau Kolk oft?

A: Thomas　B: Shiho　C: Monika

A: Dieses Jahr, in dem viel los war[1], geht bald zu Ende. Ende 2021 ist die Koalition, die aus drei Parteien, SPD[2], Grünen und FDP besteht, an die Regierung gekommen. Olaf Scholz von der SPD wurde zum neuen Bundeskanzler gewählt. Damit endete die Amtszeit von Angela Merkel als Bundeskanzlerin.

B: Ich denke, deutsche Politiker argumentieren viel besser als japanische.

A: Der Bundestag wird alle vier Jahre[3] vom Volk gewählt. Bei uns in Deutschland findet der Regierungswechsel zwischen zwei großen Kräften statt, nämlich zwischen der CDU/CSU einerseits und der SPD andererseits. Deutsche Politiker müssen deshalb im Parlament gut argumentieren und geschickt reden, um sich zu behaupten. Übrigens, Shiho, mit wie viel Jahren[4] kann man in Japan wählen?

B: Mit 18 Jahren.

C: Bei uns auch. Gehst du immer zur Wahl?

B: Ja, natürlich. Wer das Wahlrecht hat, muss abstimmen und darüber entscheiden, welchen Weg sein Land gehen soll. In Japan gehen leider immer weniger[5] Leute zur Wahl. Die Wahlbeteiligung bei der Unterhauswahl 2021[6] lag nur bei 55,93 Prozent. Die junge Generation scheut oft den Weg zur Wahlurne.

C: Eine solche Tendenz besteht auch in Deutschland. Bei der Bundestagswahl 2021[7] belief sich die Wahlbeteiligung auf 76,6 Prozent. Bis Mitte der 1980er Jahre[8] lag sie noch bei 90 Prozent. Insgesamt ist jedoch die Wahlbeteiligung in Deutschland immer noch größer als in Japan und in den USA.

B: Kann man in Deutschland per Internet wählen?

A: Nein, noch nicht. Wenn man am Wahltag nicht zur Wahl gehen kann, kann man aber schon vorher per Post oder im Wahlamt wählen.

B: Per Post? Das ist gut. Die Briefwahl gibt es in Japan nicht.

連邦議会議事堂

---

1) viel los war「たくさんのことが起こった」
2) 各政党の日本語訳については53頁を参照。
3) alle vier Jahre「4年に1回」
4) mit wie viel Jahren「何歳で」
5) immer weniger「ますます少ない」 immer +

比較級「ますます〜だ」
6) die Unterhauswahl 2021「2021年の衆院選」
7) die Bundestagswahl 2021「2021年の連邦議会選挙」
8) die 1980er Jahre = die achtziger Jahre「1980年代」

Fragen zum Text

85

1. Wer wurde nach Angela Merkel zum Bundeskanzler gewählt?
2. Wie findet Shiho deutsche Politiker?
3. Was sind die zwei großen Kräfte der deutschen Politik?
4. Mit wie viel Jahren kann man in Deutschland wählen?
5. Welche Tendenz besteht sowohl in Deutschland als auch in Japan?
6. Wie kann man in Deutschland wählen, wenn man am Wahltag keine Zeit hat?

Partnerübung

86

Beispiel　schön / Tasche (f.) / Tante

P1 : Wem schenkst du die schöne Tasche zu Weihnachten?

P2 : Die schenke ich meiner Tante.

P1 : Sie freut sich sicher darüber.

1) warm / Pullover (m.) / Großvater

2) elegant / Handschuhe (pl.) / Frau

3) bequem / Sofa (n.) / Eltern

ドイツ連邦共和国の主要政党

SPD (Sozialdemokratische Partei Deutschlands)	ドイツ社会民主党
Bündnis 90 / Die Grünen	同盟 90・緑の党
FDP (Freie Demokratische Partei)	ドイツ自由民主党
CDU (Christlich Demokratische Union Deutschlands)	ドイツキリスト教民主同盟
CSU (Christlich-Soziale Union in Bayern)	バイエルン・キリスト教社会同盟
Die Linke	左派党
AfD (Alternative für Deutschland)	ドイツのための選択肢

Wahlen（選挙）

ドイツ連邦共和国の国会は連邦議会 (Bundestag) と連邦参議院 (Bundesrat) の 2 院制です。連邦議会の議員は 4 年毎に国民の直接自由選挙で選ばれ，連邦参議院は 16 の連邦州の代表によって構成されます。連邦首相 (Bundeskanzler) は連邦議会から選ばれて組閣を行い，国家元首である連邦大統領 (Bundespräsident) が連邦閣僚を任命します。連邦大統領は，連邦集会 (Bundesversammlung : 5 年毎に両院から同数の議員を招集) の選挙で選ばれます。また，連邦と同様に各州にも，州民の直接自由選挙で選ばれた議員から成る州議会と州政府が置かれています。連邦議会の選挙は，小選挙区比例代表併用制の 2 票制を取っており，第 1 票はそれぞれの選挙区の立候補者の個人名，第 2 票は政党名を記入します。2021 年 9 月の連邦議会選挙では，オーラフ・ショルツを首相候補とする SPD が獲得投票率 25,7% で第 1 党となり，メルケル首相が所属する CDU/CSU(24,1%)を下し，連立交渉の結果，緑の党，FDP と連立政権を担うことになりました。

53

Lektion 13　Der deutsche Film（ドイツ映画）

1.　接続法の人称変化

	不定詞	lernen	kommen	haben	werden	können	sein
	基本形	lerne	komme	habe	werde	könne	sei（例外）
接続法第1式	ich —	lerne	komme	habe	werde	könne	sei
	du —**st**	lern**est**	komm**est**	hab**est**	werd**est**	könn**est**	sei[e]st
	er —	lerne	komme	habe	werde	könne	sei
	wir —**n**	lern**en**	komm**en**	hab**en**	werd**en**	könn**en**	seien
	ihr —**t**	lernet	kommet	habet	werdet	könnet	seiet
	sie —**n**	lern**en**	komm**en**	hab**en**	werd**en**	könn**en**	seien
	Sie —**n**	lern**en**	komm**en**	hab**en**	werd**en**	könn**en**	seien
	過去基本形	lernte	kam	hatte	wurde	konnte	war
	基本形	lernte	käme	hätte	würde	könnte	wäre
接続法第2式	ich —	lernte	käme	hätte	würde	könnte	wäre
	du —**st**	lerntest	käm**est**	hät**test**	würd**est**	könn**test**	wär**est**
	er —	lernte	käme	hätte	würde	könnte	wäre
	wir —**n**	lern**ten**	käm**en**	hät**ten**	würd**en**	könn**ten**	wär**en**
	ihr —**t**	lerntet	kämet	hättet	würdet	könntet	wäret
	sie —**n**	lern**ten**	käm**en**	hät**ten**	würd**en**	könn**ten**	wär**en**
	Sie —**n**	lern**ten**	käm**en**	hät**ten**	würd**en**	könn**ten**	wär**en**

◆ 第1式基本形は，不定詞の語幹に -e をつけます。人称変化語尾は，直説法過去と同じです。
◆ 第2式基本形は, 過去基本形に語尾 -e をつけます。不規則動詞の幹母音 a, o, u はウムラウトします。人称変化語尾は, 直接法過去と同じです。規則動詞は過去人称変化と全く同一になります。

2.　接続法第1式の用法

87

1)　要求話法:「〜せよ」,「〜であれ」

Alle Menschen **seien** vor dem Gesetz gleich!　すべての人間が法の前で平等であれ！

2)　間接話法（原則として第1式を用います。第1式が直説法と同形になる場合は第2式）

a）直接話法と間接話法の時称

	直接話法	間接話法
	Er sagt / sagte:	Er sagt / sagte,
現　　在:	„Ich fahre mit dem Bus."	→ *er* **fahre** mit dem Bus.
過　　去:	„Ich fuhr mit dem Bus."	→ *er* **sei** mit dem Bus **gefahren**.
現在完了:	„Ich bin mit dem Bus gefahren."	

b）直接話法から間接話法への書き換え

① 平叙文

Er sagt / sagte zu mir: „Ich esse heute mit dir zu Abend.“

　彼は私に「僕は今日きみと一緒に夕食をとる」と言います／言いました。

→ Er sagt / sagte mir, *er* **esse** heute mit *mir* zu Abend.

　▷ 英語と異なり，主文と間接引用文の時称を一致させません。時や場所を表す副詞はそのままにしておきます。

② 疑問文

Er fragt / fragte sie: „Wohnst du in Berlin?“

　彼は彼女に「きみはベルリンに住んでいるの」と尋ねます／尋ねました。

→ Er fragt / fragte sie, **ob** *sie* in Berlin **wohne**.

Er fragt / fragte sie: „Wo wohnen Sie?“　彼は彼女に「どこにお住まいですか」と尋ねます／尋ねました。

→ Er fragt / fragte sie, **wo** *sie* **wohne**.

③ 命令文

Sie sagt / sagte zu ihm: „Hilf mir sofort!“　彼女は彼に「すぐに助けて」と言います／言いました。

→ Sie sagt / sagte ihm, *er* **solle** *ihr* sofort helfen.

Sie sagt / sagte zu ihm: „Helfen Sie mir sofort!“　彼女は彼に「すぐに助けてください」と言います／言いました。

→ Sie sagt / sagte ihm, *er* **möge** *ihr* sofort helfen.

3. 接続法第2式の用法

88

1）非現実話法

  **a）現在の事実に対する仮定（接続法第2式・現在）：「もしも〜ならば，〜だろう」

前提部（副文）　　　　　　　　　　　　　　　　結論部（主文）

Wenn ich jetzt Urlaub **hätte**,　　　　　　**führe** ich nach Italien.

Hätte ich jetzt Urlaub,

Wenn ich jetzt Urlaub haben **würde**,　　**würde** ich nach Italien fahren.

　もし私にいま休暇があるなら，イタリアへ行くのに。

  **b）過去の事実に対する仮定（接続法第2式・過去）：「もしも〜だったならば，〜だっただろう」

前提部（副文）　　　　　　　　　　　　　　　結論部（主文）

Wenn ich letzte Woche Urlaub **gehabt hätte**,　　**wäre** ich nach Italien **gefahren**.

Hätte ich letzte Woche Urlaub **gehabt**,

　もし私に先週休暇があったなら，イタリアへ行ったのに。

2）婉曲話法

  **a）控えめな主張

Ich **hätte** eine Frage an Sie.　あなたに質問があるのですが。

  **b）丁寧な依頼

Könnten Sie mir bitte sagen, wie spät es ist?　いま何時か教えていただけますか。

Übungen

1. 例にならい質問に答えて，全文を和訳してみよう。

   例　Ist er heute krank? — Ja, er sagte mir, er sei heute krank.

   1) Kommt Norbert heute mit?
   2) Hat Annette heute Zeit?
   3) War Ulrich gestern zu Hause?
   4) Hat Doris gestern den Film gesehen?

2. 例にならい質問に答えて，全文を和訳してみよう。

   例　Könnten Sie mir helfen?
   　　— Nein, leider nicht. Wenn ich Zeit hätte, würde ich Ihnen gerne helfen.

   1) Könnten Sie meine Eltern besuchen?
   2) Könnten Sie mich vom Flughafen abholen?
   3) Könnten Sie mit mir zusammen essen?
   4) Könnten Sie für mich Klavier spielen?

3. 例にならい質問に答えて，全文を和訳してみよう。

   例　Was hättest du gemacht, wenn es gestern nicht geregnet hätte?
   　　(mit Robert ans Meer fahren)
   　　— Ich wäre mit Robert ans Meer gefahren.

   1) Was hättest du gemacht, wenn du gestern Zeit gehabt hättest?
   　　(mit Mia einkaufen gehen)
   2) Was hättest du gemacht, wenn du gestern keine Grippe gehabt hättest?
   　　(nach New York fliegen)
   3) Was hättest du gemacht, wenn du gestern keine Kopfschmerzen gehabt hättest?
   　　(in der Bibliothek Bücher lesen)
   4) Was hättest du gemacht, wenn du gestern keinen Unterricht gehabt hättest? (ausschlafen)

4. 例にならい質問に答えて，全文を和訳してみよう。

   例　Soll ich ihn anrufen? — Ja, es wäre besser, wenn Sie ihn anrufen würden.

   1) Soll ich zum Arzt gehen?
   2) Soll ich mit meinem Chef sprechen?
   3) Soll ich eine Diät machen?
   4) Soll ich das Rauchen aufgeben?

A: Shiho B: Thomas

『嘆きの天使』

A: Die Berlinale[1] kommt bald. Ich habe in einer Zeitung gelesen, sie finde seit 1951 jedes Jahr in Berlin statt.

B: Stimmt. Interessierst du dich für deutsche Filme? Ich habe neuerdings einige deutsche Filme aus der Weimarer Zeit gesehen und deren Originalität wiederentdeckt. Kennst du den Stummfilm „Metropolis"[2] oder den Tonfilm „Der blaue Engel"[3]? Das sind Klassiker der Filmgeschichte. In den 1920er Jahren war Berlin eine Metropole des Films.

A: Den Film „Der blaue Engel" habe ich in Japan gesehen. Die Schauspielerin Marlene Dietrich[4] war sehr eindrucksvoll. Das Lied „Lili Marleen"[5] ist auch in Japan bekannt. In der Zeit der Weimarer Republik veränderte sich übrigens die Frauenrolle in der Gesellschaft. Frauen erhielten 1918 das aktive und passive Wahlrecht[6]. Rund 35 Prozent der Frauen waren 1925 berufstätig.

ベルリンのモダンガール

Viele Frauen in den großen Städten wie in Berlin fanden einen Arbeitsplatz im Büro als Sekretärin, Stenotypistin, Telefonistin usw. Die sogenannte „Neue Frau"[7] mit Bubikopf und kurzem Rock war nicht nur erwerbstätig, sondern zeigte auch in ihrer Freizeit großes Interesse an Emanzipation, Mode, Konsum und Kultur wie Kino, Theater, Musik, Tanz, Literatur oder Sport.

B: Sie bekam Möglichkeiten der Selbstverwirklichung. Als Adolf Hitler[8] 1933 die Macht ergriff, endete aber die Freiheit von Frauen. Im Nationalsozialismus sollten die Frauen vor allem als deutsche Mutter Kinder gebären und erziehen.

A: Ja, leider. Marlene Dietrich lehnte die nationalsozialistische Propaganda ab und wanderte in die USA aus. Während des Zweiten Weltkriegs unterstützte sie sogar die US-Truppen[9]. Wenn die Politik damals anders gewesen wäre, hätten viele Frauen in Deutschland noch freier gelebt.

---

1) die Berlinale「ベルリン国際映画祭」

2) „Metropolis"『メトロポリス』(1927年)。フリッツ・ラング(1890年–1976年)監督。

3) „Der blaue Engel"『嘆きの天使』(1930年)。ジョセフ・フォン・スタンバーグ(1894年–1969年)監督。

4) マルレーネ・ディートリヒ(1901年–1992年)。ドイツ出身の女優・歌手。『嘆きの天使』では主役ローラ・ローラを演じた。

5) „Lili Marleen"「リリー・マルレーン」。第二次世界大戦中に流行したドイツの歌謡曲。マルレーネ・ディートリヒの持ち歌。

6) das aktive Wahlrecht「選挙権」。das passive Wahlrecht「被選挙権」

7) die „Neue Frau"「新しい女」。ワイマール共和国時代のモダンガール。

8) アドルフ・ヒトラー(1889年–1945年)

9) die US-Truppen「アメリカ軍」

Fragen zum Text

1. Welchen deutschen Film hat Shiho in Japan gesehen?

2. Wann wurde das Frauenwahlrecht in Deutschland eingeführt?

3. Wo hat die „Neue Frau" gearbeitet?

4. Wofür interessierte sich die „Neue Frau"?

5. Wohin emigrierte Marlene Dietrich in der Hitlerzeit?

6. Hätte die Rolle der Frau anders ausgesehen, wenn Hitler nicht die politische Macht ergriffen hätte?

Partnerübung

┌─ **Beispiel**　ein Kilo Tomaten / 2 Kilo Kartoffeln ──────────
│ P1: Guten Tag! Ich hätte gerne <u>ein Kilo Tomaten</u>.　　　　P2: Sonst noch etwas?
│ P1: Ich möchte noch <u>zwei Kilo Kartoffeln</u>. Das wäre alles.　P2: Danke schön!
└──────────────────────────────────────

1) 300 Gramm Schinken / 5 Weißwürste

2) 4 Brötchen / 2 Stück Käsekuchen

3) ein Tee mit Milch / ein Salat

┌─ 1920 年代を中心にしたドイツ史略年表 ──────────
│ 1918 年 11 月，ドイツ革命。皇帝ヴィルヘルム 2 世退位。休戦条約調印（第一次世界大戦終結）。
│ 1919 年 　2 月，ワイマールで国民議会開催，エーベルト初代大統領就任。6 月，ヴェルサイユ
│ 　　　　　　　条約調印。7 月，国民議会，ワイマール共和国憲法を採択。
│ 1923 年 11 月，ヒトラー，ミュンヘン一揆失敗。インフレ破局状況。レンテンマルクの発行。
│ 1924 年 　8 月，ドイツの賠償支払い計画を定める「ドーズ案」調印。経済は安定に向かう。
│ 1925 年 　4 月，ヒンデンブルク第 2 代大統領に当選。12 月，ロカルノ条約調印。
│ 1926 年 　9 月，ドイツ，国際連盟に加盟。
│ 1929 年 10 月，ニューヨーク株式市場の大暴落，世界経済恐慌の開始。
│ 1930 年 　9 月，国会選挙でナチス党大躍進。
│ 1933 年 　1 月，ヒトラー首相就任。
└──────────────────────────────────────

Der deutsche Film（ドイツ映画）

1920 年代はドイツ映画の黄金時代でした。第一次大戦中の 1917 年，ハリウッドに対抗して映画コンツェルン，ウーファ（Ufa＝Universum-Film-AG）が誕生。ロベルト・ヴィーネ監督の怪奇映画の傑作『カリガリ博士』や，F. W. ムルナウ監督のホラー映画の元祖『吸血鬼ノスフェラトゥ』，フリッツ・ラング監督の SF 映画の先駆『メトロポリス』など，映画史上に残る名作が生まれました。しかしナチス政権成立とともに多くの監督，俳優がハリウッドに移りました。毎年 2 月に開催されるベルリン国際映画祭はカンヌ，ヴェネツィアとならぶ世界三大映画祭と言われ，2021 年には濱口竜介監督作品『偶然と想像』が銀熊賞（審査員グランプリ）を受賞しました。ワイマール共和国時代の「新しい女」像は，近年，テレビドラマシリーズ『バビロン・ベルリン』（2017 年-）で再び脚光を浴びています。

主 な 不 規 則 動 詞 の 変 化 表

不 定 詞	直説法現在	直説法過去	接続法第2式	過 去 分 詞
befehlen 命じる	*du* befiehlst *er* befiehlt	**befahl**	beföhle (befähle)	**befohlen**
beginnen 始める		**begann**	begönne (begänne)	**begonnen**
beißen かむ	*du* beißt *er* beißt	**biss**	bisse	**gebissen**
bergen 救出する	*du* birgst *er* birgt	**barg**	bärge	**geborgen**
bieten 提供する		**bot**	böte	**geboten**
binden 結ぶ		**band**	bände	**gebunden**
bitten 頼む		**bat**	bäte	**gebeten**
blasen 吹く	*du* bläst *er* bläst	**blies**	bliese	**geblasen**
bleiben *s.* とどまる		**blieb**	bliebe	**geblieben**
braten （肉を）焼く	*du* brätst *er* brät	**briet**	briete	**gebraten**
brechen 折る	*du* brichst *er* bricht	**brach**	bräche	**gebrochen**
brennen 燃やす，燃える		**brannte**	brennte	**gebrannt**
bringen 持ってくる		**brachte**	brächte	**gebracht**
denken 考える		**dachte**	dächte	**gedacht**
dringen *s.* 突き進む		**drang**	dränge	**gedrungen**
dürfen …してもよい	*ich* darf *du* darfst *er* darf	**durfte**	dürfte	**gedurft**
empfehlen 勧める	*du* empfiehlst *er* empfiehlt	**empfahl**	empföhle (empfähle)	**empfohlen**
erschrecken *s.* 驚く	*du* erschrickst *er* erschrickt	**erschrak**	erschräke	**erschrocken**
essen 食べる	*du* isst *er* isst	**aß**	äße	**gegessen**
fahren *s.* （乗物で）行く	*du* fährst *er* fährt	**fuhr**	führe	**gefahren**
fallen *s.* 落ちる	*du* fällst *er* fällt	**fiel**	fiele	**gefallen**

不 定 詞	直説法現在	直説法過去	接続法第2式	過 去 分 詞
fangen 捕える	*du* fängst *er* fängt	**fing**	finge	**gefangen**
finden 見つける		**fand**	fände	**gefunden**
fliegen *s.* 飛ぶ		**flog**	flöge	**geflogen**
fliehen *s.* 逃げる		**floh**	flöhe	**geflohen**
fließen *s.* 流れる	*er* fließt	**floss**	flösse	**geflossen**
fressen （動物が）食う	*du* frisst *er* frisst	**fraß**	fräße	**gefressen**
frieren 凍える		**fror**	fröre	**gefroren**
gebären 産む		**gebar**	gebäre	**geboren**
geben 与える	*du* gibst *er* gibt	**gab**	gäbe	**gegeben**
gehen *s.* 行く		**ging**	ginge	**gegangen**
gelingen *s.* 成功する		**gelang**	gelänge	**gelungen**
gelten 通用する	*du* giltst *er* gilt	**galt**	gölte (gälte)	**gegolten**
genießen 楽しむ		**genoss**	genösse	**genossen**
geschehen *s.* 起こる	*es* geschieht	**geschah**	geschähe	**geschehen**
gewinnen 獲得する		**gewann**	gewönne (gewänne)	**gewonnen**
gießen 注ぐ	*du* gießt *er* gießt	**goss**	gösse	**gegossen**
gleiten *s.* すべる		**glitt**	glitte	**geglitten**
graben 掘る	*du* gräbst *er* gräbt	**grub**	grübe	**gegraben**
greifen つかむ		**griff**	griffe	**gegriffen**
haben 持っている	*du* hast *er* hat	**hatte**	hätte	**gehabt**
halten 保つ	*du* hältst *er* hält	**hielt**	hielte	**gehalten**
hängen 掛かっている		**hing**	hinge	**gehangen**
heben 持ち上げる		**hob**	höbe	**gehoben**

不 定 詞	直説法現在	直説法過去	接続法第2式	過去分詞
heißen …という名である	*du* heißt *er* heißt	**hieß**	hieße	**geheißen**
helfen 助ける	*du* hilfst *er* hilft	**half**	hülfe (hälfe)	**geholfen**
kennen 知っている		**kannte**	kennte	**gekannt**
klingen 鳴る		**klang**	klänge	**geklungen**
kommen *s.* 来る		**kam**	käme	**gekommen**
können …できる	*ich* kann *du* kannst *er* kann	**konnte**	könnte	**gekonnt**
kriechen *s.* はう		**kroch**	kröche	**gekrochen**
laden 積み込む	*du* lädst *er* lädt	**lud**	lüde	**geladen**
lassen …させる	*du* lässt *er* lässt	**ließ**	ließe	**gelassen**
laufen *s.* 走る	*du* läufst *er* läuft	**lief**	liefe	**gelaufen**
leiden 苦しむ		**litt**	litte	**gelitten**
leihen 貸す		**lieh**	liehe	**geliehen**
lesen 読む	*du* liest *er* liest	**las**	läse	**gelesen**
liegen 横たわっている		**lag**	läge	**gelegen**
lügen うそをつく		**log**	löge	**gelogen**
meiden 避ける		**mied**	miede	**gemieden**
messen 測る	*du* misst *er* misst	**maß**	mäße	**gemessen**
mögen …だろう, 好きだ	*ich* mag *du* magst *er* mag	**mochte**	möchte	**gemocht**
müssen …しなければなら ない	*ich* muss *du* musst *er* muss	**musste**	müsste	**gemusst**
nehmen 取る	*du* nimmst *er* nimmt	**nahm**	nähme	**genommen**
nennen 名づける		**nannte**	nennte	**genannt**

不 定 詞	直説法現在	直説法過去	接続法第2式	過 去 分 詞
preisen ほめる	*du* preist *er* preist	**pries**	priese	**gepriesen**
raten 忠告する	*du* rätst *er* rät	**riet**	riete	**geraten**
reißen 裂く	*du* reißt *er* reißt	**riss**	risse	**gerissen**
reiten *s.* 馬で行く		**ritt**	ritte	**geritten**
rennen *s.* 駆ける		**rannte**	rennte	**gerannt**
riechen におう		**roch**	röche	**gerochen**
rufen 呼ぶ		**rief**	riefe	**gerufen**
schaffen 創造する		**schuf**	schüfe	**geschaffen**
scheiden 分ける		**schied**	schiede	**geschieden**
scheinen 輝く		**schien**	schiene	**geschienen**
schelten しかる	*du* schiltst *er* schilt	**schalt**	schölte (schälte)	**gescholten**
schieben 押す		**schob**	schöbe	**geschoben**
schießen 撃つ	*du* schießt *er* schießt	**schoss**	schösse	**geschossen**
schlafen 眠る	*du* schläfst *er* schläft	**schlief**	schliefe	**geschlafen**
schlagen 打つ	*du* schlägst *er* schlägt	**schlug**	schlüge	**geschlagen**
schleichen *s.* 忍び歩く		**schlich**	schliche	**geschlichen**
schließen 閉める	*du* schließt *er* schließt	**schloss**	schlösse	**geschlossen**
schmelzen *s.* 溶ける	*du* schmilzt *er* schmilzt	**schmolz**	schmölze	**geschmolzen**
schneiden 切る		**schnitt**	schnitte	**geschnitten**
schreiben 書く		**schrieb**	schriebe	**geschrieben**
schreien 叫ぶ		**schrie**	schriee	**geschrien**
schreiten *s.* 歩く		**schritt**	schritte	**geschritten**
schweigen 黙っている		**schwieg**	schwiege	**geschwiegen**

不 定 詞	直説法現在	直説法過去	接続法第2式	過去分詞
schwimmen *s.* 泳ぐ		**schwamm**	schwömme (schwämme)	**geschwommen**
schwinden *s.* 消える		**schwand**	schwände	**geschwunden**
schwören 誓う		**schwor**	schwüre	**geschworen**
sehen 見る	*du* siehst *er* sieht	**sah**	sähe	**gesehen**
sein *s.* (…で)ある	*ich* bin *du* bist *er* ist	**war**	wäre	**gewesen**
senden 送る	*du* sendest *er* sendet	**sandte** (**sendete**)	sendete	**gesandt** (**gesendet**)
singen 歌う		**sang**	sänge	**gesungen**
sinken *s.* 沈む		**sank**	sänke	**gesunken**
sitzen すわっている	*du* sitzt *er* sitzt	**saß**	säße	**gesessen**
sollen …すべきである	*ich* soll *du* sollst *er* soll	**sollte**	sollte	**gesollt**
sprechen 話す	*du* sprichst *er* spricht	**sprach**	spräche	**gesprochen**
springen *s.* 跳ぶ		**sprang**	spränge	**gesprungen**
stechen 刺す	*du* stichst *er* sticht	**stach**	stäche	**gestochen**
stehen 立っている		**stand**	stünde (stände)	**gestanden**
stehlen 盗む	*du* stiehlst *er* stiehlt	**stahl**	stähle	**gestohlen**
steigen *s.* 登る		**stieg**	stiege	**gestiegen**
sterben *s.* 死ぬ	*du* stirbst *er* stirbt	**starb**	stürbe	**gestorben**
stoßen 突く	*du* stößt *er* stößt	**stieß**	stieße	**gestoßen**
streichen なでる		**strich**	striche	**gestrichen**
streiten 争う		**stritt**	stritte	**gestritten**
tragen 運ぶ	*du* trägst *er* trägt	**trug**	trüge	**getragen**

不 定 詞	直説法現在	直説法過去	接続法第2式	過 去 分 詞
treffen 会う	*du* triffst *er* trifft	**traf**	träfe	**getroffen**
treiben 駆りたてる		**trieb**	triebe	**getrieben**
treten *s.* 歩む	*du* trittst *er* tritt	**trat**	träte	**getreten**
trinken 飲む		**trank**	tränke	**getrunken**
trügen だます		**trog**	tröge	**getrogen**
tun する	*ich* tue *du* tust *er* tut	**tat**	täte	**getan**
verderben だめにする	*du* verdirbst *er* verdirbt	**verdarb**	verdürbe	**verdorben**
vergessen 忘れる	*du* vergisst *er* vergisst	**vergaß**	vergäße	**vergessen**
verlieren 失う		**verlor**	verlöre	**verloren**
wachsen *s.* 成長する	*du* wächst *er* wächst	**wuchs**	wüchse	**gewachsen**
waschen 洗う	*du* wäschst *er* wäscht	**wusch**	wüsche	**gewaschen**
weichen *s.* よける		**wich**	wiche	**gewichen**
weisen 指示する		**wies**	wiese	**gewiesen**
wenden 向ける	*du* wendest *er* wendet	**wandte** **(wendete)**	wendete	**gewandt** **(gewendet)**
werben 募集する	*du* wirbst *er* wirbt	**warb**	würbe	**geworben**
werden *s.* (…に)なる	*du* wirst *er* wird	**wurde**	würde	**geworden**
werfen 投げる	*du* wirfst *er* wirft	**warf**	würfe	**geworfen**
wissen 知っている	*ich* weiß *du* weißt *er* weiß	**wusste**	wüsste	**gewusst**
wollen …するつもりで ある	*ich* will *du* willst *er* will	**wollte**	wollte	**gewollt**
ziehen 引く		**zog**	zöge	**gezogen**
zwingen 強いる		**zwang**	zwänge	**gezwungen**

身につくドイツ語・初級〈再改訂新版〉

2023 年 4 月 1 日　初版発行

著　者　前　田　良　三
　　　　髙　木　葉　子
発行者　柏　倉　健　介
発行所　株式会社 郁文堂
　　　　113-0033　東京都文京区本郷 5-30-21
　　　　電話 ［営業］03-3814-5571 ［編集］03-3814-5574

印刷・製本　シナノ印刷

ISBN 978-4-261-01275-0
© 2023　Printed in Japan